엄마 질문공부

아 이 의 생 각 을 열 어 주 는

엄마
질문공부

장성애 지음

매일경제신문사

들어가며

　부모가 된 사람만이 알게 되는 것이 있습니다. 바로 세상에서 가장 어려운 일이 부모라는 것입니다. 우리는 부모가 되고 나서야 이 사실을 깨닫고 어찌할 바를 몰라 합니다.

　어쩌면 부모가 되는 건, 세상을 살아가는 방법을 아이를 통해서 알아가는 일의 시작인지도 모릅니다. 우리는 우리도 모르는 사이에 태어나고, 자라고, 나이가 들고 결혼을 했을 뿐입니다. 왜, 어떻게 살아왔는지 생각해 볼 겨를이 없었습니다. 저 역시 이미 아이들이 성인이 된 지금도, 제가 살아가는 방법에 있어 좌충우돌입니다.

　질문교육을 하면서 한편으로는 학부모, 아이들과 함께 성장해 나가는 저를 보는 게 매우 기쁜 일이라는 것을 깨달았습니다. 또 조금 더 친절해질 필요가 있다는 것도 알게 되었습니다. 부모님들께서 질문의 중요성과 개념코칭을 통해 이야기를 풀어나가는 대화와 수업, 독서법에 관한 기본적인 질문을 많이 하셨기 때문입니다. '개념이 중요한 것은 알지만 어떻게 질문을 해야 할지 모르겠다. 좀 더 그 방법에 대해서 배우고 싶다'는 문의를 많이 하셨습니다.

대화와 이야기가 있으려면 질문이 있어야 하고, 질문이 잘 이루어지려면 개념이 잘 잡혀야 합니다. 책을 읽든, 공부를 하든, 또한 어떤 문제가 생겼을 때에도 개념을 확실히 파악하면 질문을 하기 쉽고 이야기하기가 재미있어집니다. 특히 아이들과 대화를 할 때에는 부모인 내가 어떤 역할을 해야 하는지, 아이가 어떤 상황인지, 아이가 하려는 말의 개념은 무엇인지 파악해야 소통이 잘 이뤄집니다.

이 책은 질문하는 개념코칭을 통해 부모의 태도, 질문법, 학습법, 대화법, 문제해결능력 등을 다루고 있습니다. 원리는 같지만 어떻게 확장되는지, 응용하는지, 어떻게 질문을 하고, 어떻게 이야기를 끌어가는지에 대한 약간의 친절함을 보여드리고 있습니다.

설레는 마음으로 동행을 합시다. 약간의 걱정이나 두려움까지 함께요. 여행의 참맛은 거기에 있습니다. 혼자가 아닙니다. 아이와 함께 하는 신나는 질문과 대화의 여행을 시작해 보실까요?

장성애

목차

3장 왜 질문교육일까?

4장 질문교육에 날개를 달아주는 개념코칭

5장 부모와 아이가 함께 성장하는 시간

부록

질문교육 체험담
아이들의 이야기가 들리는 엄마

1장

01

행복한 육아를 위한 '나다움 찾기'

부모가 되기 전 나부터 챙기기

나를 잃어버리면 육아가 고통스럽습니다.
내가 행복해야 아이도 행복합니다.

우리나라 부모님들은 자녀를 위해서라면 아무리 힘들어도 꾹 참곤 합니다. '아이가 먹는 것만 봐도 배가 부르다'라는 말은 이것을 잘 대변합니다. 그런데 본격적으로 질문교육 이야기를 하기에 앞서 제가 드리고 싶은 말씀은 '부모가 되기 전에 나를 먼저 챙기세요'라는 말입니다. 우리는 부모이기 전에 '나'입니다. 나를 찾지 않고 부모답게만 살려고 하는 것은 기초공사 없이 지은 사상누각일 뿐입니다. 먼저 '나'라는 사람이 어떤 사람인지, 나의 삶과 행복에 대해 생각하는 것이 무엇보다 중요합니다. 아이를 잘 키우기 위한 질문보다 나는 누구인가 자문하는 것이 먼저입니다.

다른 사람들은 정말 아이들을 잘 키우는 것 같아요. 저는 어찌된 일인지 끈기도 없고 아이들에게 일관성도 없고요, 게다가 부지런하지도 않아요. 아이들이 저 때문에 잘못 자라는 것 같아 너무 무섭고 불안합니다. 이런 제가 싫어서 자꾸 더 화가 납니다.

이런 고민을 하시는 부모님이 정말 많습니다. 지금까지 우리는 주어진 역할을 충실히 수행하는 게 잘 사는 것이라 믿어 왔습니다. 그렇다 보니 부모로서 열심히 노력했는데 결과가 좋지 않았을 때, 특히 자녀교육에 문제가 생겼을 때 심한 죄책감으로 괴로워하는 경우가 많습니다. 이로 인해 때때로 좋지 않은 결과를 불러일으키기도 합니다. 뜻대로 따라주지 않는 아이에게 자신도 모르게 닦달하거나 몰아붙이는 경우가 발생하기도 하고, 자녀들이 장성한 후 회의를 느끼는 일도 있습니다. 잘 해 보려고 하는 마음이 오히려 역효과를 불러일으키는 안타까운 일이 발생하는 것입니다. 무엇보다 엄마가 행복하지 않으면 그 마음이 아이에게도 전해져 아이 역시 행복하기 힘듭니다.

우주의 존재 목적은 조화라고 합니다. '부모'라는 역할도 조화롭게 해야 합니다. 부모이기 전의 나와, 부모로서 나의 모습이 조화로워야 합니다. 자연의 조화가 흐트러지면 천재지변이 일어나고, 인간의 조화가 어긋나면 전쟁이 일어납니다. 우리들이 겪는 갈등은 모두 조화롭지 못하기 때문에 일어나는 것입니다. 조화로운 것을 안다면 나도 행복하고, 너도 행복합니다. 나로 인해 네가 행복하고, 너로 인해 나도 행복해 집니다.

그런데 우리는 나 때문에 가족이 불행하지 않을까 걱정이 많습니다. 너 때문에 나는 가슴앓이 하고 손해 보는 것 같고, 너만 만나지 않았다면 나는 행복했을 것 같습니다.

어떤 것이 존재해서 해로운 것은 없습니다. 불경에 보면 '앵매도리櫻梅桃李의 원리'라는 것이 있습니다. 앵두꽃은 앵두꽃대로, 매화는 매화대로, 복숭아꽃은 복숭아꽃대로, 배꽃은 배꽃대로 각기 다른 모습 그대로 존재하는 조화로움을 말합니다. 누가 누구를 닮아야 하고, 누가 정하는 대로 살아야 하고, 누가 잘 봐줘야 살아있다는 존재감을 느끼는 것이 아니라 그 꽃이 되어 그 꽃이 있는 자리에 피어 있는 것이 바로 앵매도리의 원리가 되는 것입니다. 나는 어떤 꽃의 모습으로 있을까요?

김춘수 시인의 〈꽃〉이라는 시를 보면 '나의 이 빛깔과 향기에 맞는 이름'이라는 표현이 있습니다. 나의 빛깔과 향기를 찾아보는 것, 그것이 나다움을 찾아가는 과정이 아닐까 합니다. 나만 가지고 있는 빛깔과 향기는 아름다운 것입니다. 나도 빛나게 하지만 있는 그 자체로 타인도 행복하게 만들어 줍니다. 나의 빛깔과 향기는 어떤 것이 있을까요?

부모는 나다움을 버리고 가르치기만 하는 존재가 아닙니다. 아이들이 세상을 배우는데 끝까지 함께 걸어가는 '동행'하는 존재입니다. 나의 삶도, 아이의 삶도 모두 중요합니다. 아이를 챙기기 전에 나라는 사람부터 챙기세요. 먼 길 같지만 부모도 행복하고 아이도 행복한 조화로운 삶으로 가는 지름길로 가보실까요?

나를 행복하게 하는 '나다움'

내 안의 세계에는 이야기들이 많습니다.
나의 이야기를 찾는 것이 나다움의 시작입니다.

앞서 부모의 역할을 챙기기 전에 나부터 챙기라고 말씀드렸습니다. 나라는 사람이 행복하려면 우선 '나다움'이 무엇인지 알아야 합니다. 내가 무엇을 좋아하고, 싫어하고, 하고 싶어하고, 어떤 감정을 느끼는지 알아야 나의 행복도 찾을 수 있겠지요. 이것은 자녀교육과도 직접적으로 연관이 있습니다. 왜냐하면 자녀교육의 진정한 성공은 '그 아이다움'을 찾아주는 것이기 때문입니다. 부모로서 나다움을 찾을 수 있는 부모가 내 자녀만의 '그 아이다움'도 찾을 수 있습니다.

부모교육을 받았던 한 어머니가 남편과 상담예약을 하고 찾아왔습니다. 이 집은 3살, 6살 두 아들을 둔 집입니다. 어떤 문제가 있는지 물어보니 남편이 집에서는 거의 말을 하지 않고 작은아이는 예뻐하는데, 큰아이가 조금만 잘못해도 화를 내고 야단을 친다고 했습니다.

어머니에게 남편에게 무엇을 원하는지 질문해 보았습니다. 아이들에게 자상한 아빠가 되고, 부인인 자신의 마음을 이해해 주기를 바란다고 했습니다. 부모교육 때 코칭을 받고 많이 좋아지긴 했지만 여전히 남편에게 화가 난다고 했습니다.

직업군인이신 남편의 기질 검사를 해보았습니다. 원래 타고난 기질과 현재의 성격, 그리고 잠재되어 있지만 여전히 꿈틀거리고 있는 그만의 욕구를 살펴보았습니다.

이 아버지는 겉으로는 조용해 보이지만, 실제로는 호기심과 창의적인 아이디어도 많았고, 공부에 대한 욕구도 강하고 따뜻한 정도 많은 분이었습니다. 또한 장長 기질, 즉 통제당하기보다는 통제하고자 하는 욕구가 많았습니다. 이러한 부분에 대해 같이 이야기를 나눴습니다. 호기심과 창의성이 발휘되기 힘든 군조직에 계신 분이시지요. 아무리 세상이 바뀌어도 군대는 명령을 따라야 하는 엄한 곳입니다. 그리고 자신이 훈련을 받던 시기와는 다르게 요즈음 군대에 들어오는 어린 신병들은 강한 훈련이나 명령이 적용되지 않는 21세기 신병들입니다.

두 세계에 끼여 있는 아버님은 그야말로 앞이 답답한 날들일 것입니다. 정년이 되어야 제대를 할 텐데 아랫사람들인 신병들에게 엄한 명령, 즉 대장적 기질를 제대로 발휘하기가 쉽지 않은 시대이고, 군대라는 조직은 특성상 창의적인 아이디어를 받아들일만한 곳은 아닙니다. 이런 이야기들을 아버님과 주거니 받거니, 이야기를 해 나갔습니다. 이야기를 듣던 어머니는 이렇게 말을 했습니다.

"저는 남편이 힘들다고 하면, 그 정도는 참아야지 뭘 그런 것 가지고 그러냐고 나무랐습니다."

이 아버님은 자신의 스트레스를 말로서 풀어나가는 방법을 가장 좋아하는 기질이지만 이것을 들어줄 사람도 없었고, 또한 자신도 잘 표현하지 못했던 것입니다. 무엇 때문인지는 모르지만 마음이 편하지 않으니 아이의 말을 느긋하게 들어줄 여유가 없었던 거지요.

약간의 제안을 해 보았습니다. 기성세대가 아닌 새로운 세대의 군인들이 옛날의 우리와 다르다고 답답해 하기보다는 그 세대가 원하는 교육을 군대에서도 할 수 있지 않을까 생각해 보자고요.

요즈음은 군대에서도 외부 강사들이 교육도 하고 부대 내에서의 교육도 많이 시행되고 있는 걸로 알고 있습니다. 창의력과 배려 그리고 리더십이 뛰어난 분이시기 때문에 신병들의 생각도 잘 읽어낼 수 있고 그에 합당한 새로운 교육도 개발할 수 있을 것입니다. 공부에 대한 욕구도 많으시니 계속 공부를 하셔서 신병들에게 비전을 보여주는 강의를 하시는 것도 좋겠다고 했습니다. 아버지가 '나다움'을 찾게 되면 아이도 아이답게 보이게 된다고 말씀드렸죠.

그랬더니 바로 대학원을 이야기하셨고, 얼굴빛이 환해지셨습니다. 옆에서 이야기를 듣던 어머니는 남편자랑을 하기 시작하셨습니다. 집에서 공부하는 것도 좋아하고, 책 읽는 것도 좋아하는 남편이라고 하더군요. 그리고 영어 관련 앱을 휴대폰에 깔아서 매일 단어공부도 한다고 했습니다. 처음에는 못마땅하고 부족한 부분, 그리고 자신이 원하는 바를 이야기하다가 남편의 장점이 하나둘씩 생각나기 시작한 겁니다.

당장 무엇인가를 시작하지 않아도 내면에서 들려오는 나의 목소리에 귀를 기울이면 상황이 정리됩니다. 부모교육은 아이에게 무엇을 해 주는 것이 아니라, 내가 나를 준비하고, 그와 더불어 부모로서의 모습을 준비하는 것이 우선입니다.

어머니 역시 집에서 아이들만 키우는 것보다 자신의 일을 만들어 가고자 하는 욕구가 큰 분이셨습니다. 곧장 자신의 일을 찾아 나간다는 것이 아니라 미래를 위해 지금 아이들을 키우면서 할 수 있는 일이 무엇인가를 알아보는 것이 중요합니다. 어머니도 사회복지사를 공부하고 있다고 했습니다. 이 어머니가 집에 가서 문자를 보내주었습니다.

"전 뭔가 우리 부부에게 특별한 질문을 해 주실 줄 알았습니다. 교육하실 때 처럼요. 그런데 좋은 질문보다도 신랑한테 어떻게 말을 해야 하고, 어떻게 들어주어야 하는지를 선생님을 보고 느꼈어요. 남편도 사실은 억지로 갔는데 기분이 좋았다고 하네요."

남편이 내 이야기를 안 들어 준다고 속상해 하기 전에 내가 남편의 이야기를 듣고 있나 살펴보세요. 아이들에게는 엄마도 아빠도 있지만, 남편에게는 나밖에 없습니다. 그래서 남편 세우기가 먼저입니다. 남편을 발견하는 눈을 가지면 남편을 가장 '그답게' 살아갈 수 있게 할 것입니다.

부모님들이 상담을 오면 저는 우선 부모님들의 기질과 욕구, 그리고 성격에 대해서 먼저 이야기합니다. 그런 후에 아이들 이야기를 합니다. 부모가 먼저 자신의 모습을 찾아야 하거든요.

나에게로의 여행

행복했던 순간, 긍정적인 힘, 고마웠던 사람까지
나의 어릴 적부터 돌이켜 보세요.

"제가 뭘 좋아하는지 모르겠어요. 뭘 하고 싶은지도 모르겠어요. 뭘 잘하는 지도 모르겠고요. 그리고 무엇을 해야 할지도 모르겠어요."

부모님들에게 육아에 대한 고민 전에 '나다움'에 대해 알아보기를 권유하면 자주 듣게 되는 말입니다. 아이들에서도 자주 듣는 말이지요. 좋아하는 것, 잘하는 것, 해야 하는 것이 무엇인지 알기 위해서는 스스로에게 '질문'을 해야 합니다. 제가 엄마와 아이가 모두 행복한 교육법으로 '질문교육'을 제시하는 가장 큰 이유입니다. 나를 발견하기 위해서 나에게 질문을 하세요. 나라는 사람을 이해하고 나만의 빛깔을 찾아보는 질문입니다. 나만의 빛깔을 찾는다면 누가 보아주든 않든 큰 문제가 되지 않습니다.

김춘수의 〈꽃〉이라는 시를 두고, 아이들과 시에 대한 질문을 만들어 보았습니다. 한 아이가 "누가 꼭 이름을 불어주어야 하나?"라고 다른 각도로 질문을 했습니다. 누군가 이름을 불러주어서 존재감을 느끼는 것도 필요하지만, 내가 나의 이름을 불러줄 수는 없는 걸까? 꼭 누가 내 이름을 불러주어야 하는 걸까? 아이의 질문은 많은 생각을 하게 했습니다. 남에게 이름을 불리든 아니든 스스로의 빛깔을 찾은 숲속의 꽃들은 인간이 부여한 이름이 아닌 자기만의 이름으로 그 자리에서 벌과 나비를 불러 모으고 있는 것입니다.

그렇다면 나를 발견하려면 어떻게 해야 할까요? 첫 번째로 과거로 시간여행을 하세요. 제가 부모교육 1회기 때 많이 하는 것 중 하나가 '나의 과거 중 가장 행복했던 시간과 사건을 찾아서 다시금 음미해 보기'입니다. '내가 행복했던 순간 5가지 찾아보기'를 한다고 해 봅시다. 타임머신을 타고 순식간에 그때로 돌아가 보면, 의외로 잊어버리고 있던 상황, 혹은 알고 있었지만 다시 떠올려 보는 상황, 다른 사건과 함께 다시 생각해 볼 수 있는 사건들 등 다양한 이야기들이 술술 나올 것입니다. 왜 행복했는지, 행복한 이유가 무엇인지, 그 행복한 이야기들이 지금 나에게 어떤 영향을 미치고 있는지 찾아보는 겁니다. '나 발견하기'에서 중요한 것은 나의 '긍정적인 면'을 찾는 것입니다. 긍정적인 힘을 찾으면 힘들었던 경험들은 그냥 지나친 시간들이 아니라 자기를 지키고 보호해 온 힘이었다는 것을 알 수 있습니다.

두 번째로 힘든 상황을 이겨냈던 사건을 떠올려 적어 봅니다. 의외로 삶의 고비마다 현명하게 대처했던 경험이 많이 떠오를 겁니다. 물론 떠올리기 싫은 사건은 전혀 떠올릴 필요 없습니다. 힘든 순간을 이겨낸 상황들만 떠올려도 내가 생각보다 얼마나 괜찮고 멋진 사람인지 알 수 있습니다.

세 번째는 주변 사람 떠올리기입니다. 우선 나에게 큰 힘이 되어 준 사람을 찾아봅니다. 나를 도와준 사람, 지금의 나를 있게 한 사람을 적어봅니다. 그리고 내가 왜 그 사람에게 고마움을 느끼는지 질문도 해 봅니다. 이렇게 정리를 하고 나면 내가 얼마나 행복한 사람인지, 감사한 분들이 많은지 알게 되겠지요.

그리고 지금까지 나의 롤 모델을 찾아봅니다. 10대, 20대, 30대, 40대, 50대 등 시기마다 롤 모델이 달라질 수도 있습니다만 몇 명이든 돌이켜서 찾아갑니다. 또 여전히 내 마음속의 롤 모델로 살고 있는 사람은 누구인지 천천히 적어 봅니다. 그 나이에 내가 왜 그 사람을 롤 모델로 삼았는지, 롤 모델이 바뀌었을 때는 왜 그렇게 바뀌었는지 하나하나 질문을 적으면서 이유를 찾아봅니다. 다른 사람과 같이 이야기를 나누면서 해도 좋습니다. 롤 모델은 닮고 싶은 사람이기 때문에 내가 추구하는 가치와 삶의 방향이 무엇인지 알게 해 줍니다.

질문을 통해 나를 찾아가는 작업을 하다 보면 내면에 깊게 들어갈 수 있습니다. 잊어버리고 있었던 자기의 모습을 뜻밖에 발견할 수 있는 이 작업은 자주 할수록 좋습니다.

내가 좋아했던 것을 알게 되면 지금 내가 좋아하는 것도 찾을 수 있습니다.

내가 행복했던 순간을 찾으면 행복할 수 있는 상황도 만들 수 있지요.

내가 힘든 순간을 잘 이겨낸 과정을 찾으면 내가 잘 해결할 수 있는 에너지도 찾을 수 있을 테이지요.

나의 롤 모델을 찾으면 닮고 싶은 롤 모델의 모습에서 나의 내면에 숨겨진 능력도 발견할 겁니다.

나만의 향기는 과거의 내 모습에 대한 질문을 통해 충분히 찾을 수 있습니다. 내 삶은 그 어떤 순간도 의미 없었던 적은 없었으니까요. 내가 나를 잊으면 나의 의미가 사라집니다. 나의 의미는 내 속에, 나의 지나온 이야기 속에 고스란히 담겨져 있습니다. 가져와서 사용하기만 하면 되지요. 거기에다 새로운 나의 생각까지 더할 수 있으면 내가 무엇을 할 수 있을지 길을 밝힐 등불을 켤 수 있을 겁니다.

보고 싶은 것, 하고 싶은 일

나를 움직이게 하는 힘을 아시나요?
하고 싶은 것을 떠올리면 심장과 세포가 뛰기 시작합니다.

나다움 찾기에서 좋아하는 것 찾기와 더불어 추가할 것이 있습니다. 보고 싶은 것과 하고 싶은 일을 찾아보는 것입니다. 사람이 보고 싶고 하고 싶은 것이 없을 수는 없습니다. 단지 시간과 경제적 여건 때문에 나중으로 미루다가 어느 순간 포기하게 되지요. 그렇게 자신감을 잃어버리고 하고 싶은 것도 완전히 기억 저편으로 밀어내 버립니다. 그러나 기억 저편도 나의 공간입니다. 나에 대해 제대로 알려면 숨어 있는 꿈도 알아야 합니다.

보고 싶은 것과 하고 싶은 것은 간절함을 동반합니다. 간절함은 심장을 뛰게 하고 동시에 세포도 움직이게 합니다. 행동하게 만드는 내적인 동기로서 이만 한 것이 없습니다. 보고 싶은 것도 하고 싶은 것도 없으면 세상이 재미가 없습니다. 무기력한 아이들의 한결같은 말은 '하고 싶은 것이 없다'라는 것이지요.

아이들이 이런 말을 하면 부모는 온몸의 힘이 다 빠집니다. 그것이 얼마나 무서운 말인지 은연중에 알고 있기 때문입니다. 의욕이 사라지면 아무리 좋은 조건과 환경에도 행동할 이유를 찾지 못하잖아요.

부모인 우리는 하고 싶지 않아도 해야 하는 많은 일을 하고 있습니다. '좋아하는 일을 하면 성공한다.' 아주 멋진 말입니다. 좋아하는 일이 있으면 얼마나 좋겠습니까? 그러나 우리는 질문하지 않을 수 없습니다. 좋아하는 일을 어떻게 찾아야 할까요.

앞선 나다움 찾기에서 돌이켰던 과거의 기억과 경험에서 내가 좋아했던 일, 하고 싶어 했던 일을 하나씩 떠올려 봅니다. 떠올린 기억이나 경험에서 여전히 설레고 기분이 좋아지는 일들을 고르세요. 이런 경험들은 다른 것보다 몸의 세포들이 기억하고 반응합니다. 보고 싶고 하고 싶은 일들을 떠올리면 심장과 세포가 함께 움직입니다. 세포가 기억한다는 말은 오감, 즉 인간이 가진 감각 전부가 기억한다는 의미입니다.

가장 좋았던 한 순간을 떠올리면 마치 정지된 화면처럼 색깔, 소리, 향기, 피부에 스미는 그 느낌, 맛까지 순식간에 떠오르지 않나요? 마치 지금 그 자리에 내가 있는 것처럼 그 시간과 지금의 시간이 일치해 버립니다. 그것을 추억이라고 말하는데 추억이 많은 사람이 행복한 사람이라는 말이 있습니다. 드문드문 그런 과거의 기억들이 있다면 자꾸 끌어내서 이야기로 만들어야 합니다. 과거에 묶여 있자는 것이 아니라 현재에 내가 하고 싶어 하는 일들을 찾기 위한 마중물이기 때문입니다. 내 안에서 잠자던 나의 의지를 깨우는 가장 쉬운 방법입니다.

인간이 과거의 역사를 찾아보는 것 역시 우리가 잊고 있었던 잠재된 능력을 다시 찾기 위해서일 것입니다. 화려했던 르네상스도 고대의 그리스, 로마 시대를 다시 재현하려는 인간의 욕구가 만들어 낸 문화입니다. 시오노 나나미는 《르네상스를 만든 사람들》에서 보고 싶고, 하고 싶은 사람들이 만들어 낸 것이 바로 르네상스라고 단적으로 이야기합니다.

우리도 각 개인마다 자신만의 르네상스를 부활시킬 수 있습니다. 나의 삶이 아닌 누군가의 삶을 도와주기 위해서, 다른 이를 위해서 살아가는 시간들은 억울함을 남깁니다. 내가 하고 싶은 것을 모두 포기하고 살았는데 알아주는 사람이 없고, 남아있는 것도 없다면 지나간 시간들이 아깝고 후회되기 시작합니다.

타인의 것이 아닌 나의 시간을 살아가려면 하고 싶은 것과 보고 싶은 것을 찾아야 합니다. 그리고 할 수 있는 모든 이유를 찾아보세요. 어떤 일이 있으면 우리는 보통 할 수 없는 많은 이유를 대기 시작합니다. 시간도 경제적 여유도, 더불어 마음의 여유도 없는 것이겠지요. 할 수 없는 이유를 찾는다는 것은 결국 안하겠다는 말과 같습니다. 어떻게든 할 수 있는 방법을 찾으려는 편이 행동하게 만들고 창의적인 방법을 찾게 합니다.

쉽게 채울 수 없는 결핍이 인간을 발전하게 한 원동력이라는 것을 잘 아실 테지요. 개인에게도 마찬가지입니다. 할 수 있는 모든 여건이 갖추어졌을 때 하는 것은 힘을 덜 내게 할 것입니다. 지금 무언가 하기엔 부족하다는 마음은 내가 해야 한다는 이유를 더 분명히 말해주고 있을지 모릅니다. 그래서 지금 할 수 없기 때문에 하고 싶은 것을 포기하는 것이 아니라 할 수 없기 때문에 해야만 하는 이유를 찾고 할 수 있는 방법을 찾아야 합니다.

우리는 모두 시간이라는 마법을 가지고 있습니다. 현재에는 불가능해 보이지만 하고 싶은 것을 시작하고 조금씩, 조금씩 채워가고 있으면 3년, 5년, 10년이라는 시간의 마법이 만들어 주는 결과는 엄청날 것입니다. 하루 24시간, 아주 공평하게 시간은 모두에게 똑같이 주어져 있습니다. 이 물리적 시간으로 마법을 부리는 것은 본인의 몫입니다.

우리 속담에 시간과 관계있는 멋진 말이 있습니다.

'천리 길도 한 걸음부터', '시작이 반이다.' 한 걸음 시작했으면 이미 반은 완성입니다. 그리고 작심삼일이라는 말도 있습니다. 힘들면 사흘마다 한 번씩 다시 마음을 작作하면 됩니다. 마음을 다시 지어 먹으면 된다는 말로 해석을 하면 어떨까요?

사회의 구성원인 우리들은 많은 역할을 담당하고 있습니다. 역할에 충실하다보면 내 의지인지, 남의 명령대로 살고 있는 것인지 의아할 때가 많습니다. 많은 사람들이 끌고 가는 수레를 나도 무의식중에 같이 끌고 가고 있는지도 모릅니다. 이제는 나의 수레를 끌고 가는 방법을 찾자는 것입니다.

보고 싶은 것, 하고 싶은 것을 찾아야 하는 이유는 부모가 가질 수 있는 귀중한 자산이 되기 때문입니다. 보고 싶은 것, 하고 싶은 것이 있는 사람은 자신이 살아야 할 이유, 목적을 찾아갈 수 있습니다. 즉 세태에

끌려가거나 다른 사람들의 말에 쉽사리 흔들리지 않습니다. 이런 부모는 아이가 보고 싶어 하는 것, 하고 싶어 하는 것에 귀를 기울이게 되어 있습니다. 주변 사람들이나, 사회의 기대에 맞춰 사는 사람들은 자신이 가지고 있는 내면의 소리는 무시합니다. 그리고 아이들이 소리 내는 것들에 대해 알아보려고 하지 않습니다. 아이들에게도 자신들을 움직이고 있는 외부의 목소리에 복종하라고 가르치고 있을 지도 모릅니다. 아이들과 소통하려면 귀를 기울일 수 있어야 합니다.

　나의 존재를 알고 있으면 사는 것이 재미있습니다. 재미가 있으면 하고 싶어집니다. 보고 싶고, 하고 싶다는 것은 지금 현재에 내가 나의 의지대로 살아있음을 증명하는 강력한 욕구입니다.

하루아침에 좋은 부모가 될 수 있을까?

연습도, 준비도 없이 부모가 되었습니다.
천천히 연습하면서 익숙해질 때까지 해 보세요.

보통 부모교육으로 5주나 16주를 요청받는 곳도 있지만, 2시간 혹은 3시간 정도의 단기 워크숍으로 진행하는 경우도 많습니다. 많은 분들이 '질문하는 교육'은 중요하지만 특별한 기법이 필요한 것이 아니라 쉽게 할 수 있을 거라 생각합니다. 실제 매우 단순하고 기본적인 대화법이기 때문에 쉬운 것은 맞습니다. '너의 생각이 궁금해', '네 이야기도 듣고 싶어'라는 질문이면 되거든요. 근데 막상 해 보면 아이들이 큰 반응을 보이지 않기도 하고, 처음에는 잘 되는 듯하다가 3일쯤 지나면 원래대로 돌아가 버리고 맙니다. 그래서 '나는 안되나 보다'라고 좌절하는 엄마들도 많이 계셨어요.

선생님, 어제 질문하는 수업을 하고 갔는데 아이들하고 해 보려고 했어요. 작은아이는 참 잘 되더라고요. 근데 큰아이는 귀찮다는 듯이 별로 반응을 안보여요. 왜 그렇죠?

한 어린이집에 3년간 부모교육을 한 적이 있습니다. 3년 내내 오신 분들이 많으셨는데, 사실 이 어린이집 엄마들이 특별한 케이스일 수는 있습니다. 보통 다섯 번쯤 들으면 '난 그 강의 들었어'라고 안 듣는 경우가 많거든요. 이 어린이집 사례를 소개하겠습니다.

교육에 참여하신 어머니들은 3년 차가 되던 해에야 그동안의 변화에 대해 말씀해 주셨습니다. 첫해에는 많이 울었다고 합니다. 나는 잘 하려고 했는데 방법이 잘못됐다는 점, 그리고 아이들에게 잘해주지 못했다는 죄책감 등이 뒤엉켜서 한없이 울었다고 합니다. 사실 이 소리를 듣고 많이 미안했습니다. 야단치려고 간 것이 아닌데 울게 만들다니요. 물론 그 어머니도 제 마음이 아프라고 이야기한 것은 아니었습니다. 고백하기를, 작은 것부터 시작하자고 마음먹고 조금씩 아이에게 질문하고 이야기하는 것을 거듭했더니 아이들이 변하기 시작했다고 합니다. 자신들이 변하고 있다는 것도 실감했다고 합니다.

두 번째 해, 같은 내용을 들었는데 첫해에 들리지 않던 이야기들이 들리기 시작했다고 합니다. '왜 그때는 듣지 못했을까?' 하는 마음으로 교육 때 깨달은 것들을 시도해 보았다고 합니다. 그해 교육을 갔을 때, 어머니들의 표정이 아주 많이 달라져서 놀랐습니다. 한결 같이 화사하고 행복한 웃음으로 가득했거든요. 첫해 만난 분들이 맞나 싶을 정도로 새로운 분들이 아닌가 착각이 들 정도였습니다.

그때 그분들은 자신들의 변화를 느끼고 남편도 동참해야 한다는 필요성을 절실하게 느껴 남편과 함께 아버지 교육에도 참여하셨습니다. 한 아버지가 이런 말씀을 하셨습니다.

"아버지 교육을 와 보니 집사람이 그동안 얼마나 노력했는지 알겠습니다. 아버지 자리 세우기라는 말은 몰랐지만 집사람이 언제부터인가 아이들 앞에서 저의 권위를 세워주더군요. 오늘 교육에 와보니 집사람이 아버지 세우기를 실천하고 있었다는 것을 알게 되었습니다. 새삼 고마운 마음이 듭니다."

그해 그 어린이집에서 저녁마다 5회간 진행한 아버지 교육은 감동의 연속이었습니다. 아빠들이 고백하고, 엄마들이 힘을 실어주는 수업이었습니다. 어머니 교육 후 그분들의 남편들을 모시고 아버지 교육을 하는 것이 정말 효과적이라는 사실을 알게 된 새로운 경험이었습니다.

그리고 세 번째 해인 2017년, 그 어머니들은 이제 다른 새로운 분들에게 선한 영향력을 전하고 계셨습니다. 작은 어린이집인데 어머님들이 20명이나 부모교육에 참여하셨습니다. 아이들과 대화가 안 되는 어머니, 혼자 힘들어 하는 어머니들을 격려해서 함께 나오기 시작했습니다. 제가 교육을 한 후, 스터디를 통해 서로를 다독거리면서 변화하고 있었습니다. 너무 놀랍고 감사한 마음에 저도 가슴이 뭉클해졌습니다. 이 어린이집은 비전을 가지신 원장님의 교육에 대한 열정과 함께 3년째 물음과 이야기 개념코칭을 진행해서 아이들의 변화를 어머님들이 체험하게 된 경우이기도 합니다.

여기서 잠깐, 3년차 어머님들의 고백 중 중요한 포인트가 있었습니다. 교육에서 배운 것을 나름대로 실천한다고 했는데, 자기 식으로 해석해서 아이들에게 적용했다는 것을 발견하였다고 합니다. 말하자면 오류가 많았다는 것이지요. 스스로 오류를 발견했다는 것은, 지금은 제대로 실천하고 있다는 증거이기도 합니다. 이제 정식으로 '질문교육'을 배우겠다고 교육과정을 신청하셨죠. 아마 3년 동안 아이와 부모가 사용하는 언어를 맞추어 가는 과정이었지 않을까 합니다.

질문교육은 실제 적용해 보지 않으면 머리로는 이미 다 아는 말이고 맞는 말입니다. 그래서 다 안다고 생각하고 실천하지 못하는 자신만 한탄합니다. 조금이라도 적용을 해 보아야 생각처럼 안 되는 부분이 드러나고 '나와 내 아이는 어떤 방법을 써야 할까?'라는 질문이 나옵니다. 교육을 받은 후 질문이 생기지 않는 분들은 질문을 제대로 사용하고 있지 않다는 의미입니다.

저는 부모교육을 가면 한 번을 만나더라도 '6년은 꾸준히 해야 합니다. 6년 동안 꾸준히 교육에 나오세요'라고 말합니다. 6년이라는 시간에 특별한 의미는 없습니다. 단지 내가 습관이 되려면 그 정도의 기간은 필요하지 않는가, 라는 생각으로 그렇게 말씀드리곤 하죠. 혹은 '평생 같이 합시다'라는 소리도 종종 합니다. '평생 부모되기를 배우자'라는 의미입니다. 물론 정답은 없습니다만 그때그때 그 순간에 최적의 해답이 있을 수는 있습니다.

한 번의 교육과 한 권의 책을 읽고선 '질문교육, 묻고 답하기란 이런 것이구나'라고 적용하면 당연히 부작용이 많이 일어납니다. 강의하는 사람 역시 오랜 세월에 걸쳐 비로소 터득한 좋은 방법일 수 있습니다. 성공 결과만을 가지고서 내 아이에게 오랫동안 실천하거나, 잘 실행되기는 어렵습니다. 게다가 처음에는 부모와 아이가 서로가 하는 말의 '개념'을 다르게 받아들이기 때문에 여러 가지 좌충우돌을 겪게 됩니다. 이런 과정들이 지나서야 아이와 소통하는 법을 터득하게 됩니다. 질문교육의 핵심이 되는 이 '개념'에 대해선 추후 3장에서 다뤄보도록 할게요. 중요한 건 하루아침에 질문교육이 이뤄지긴 힘들다는 사실을 알고 꾸준히 노력하는 겁니다.

아이의 말에 귀를 기울이자

아이들의 생각은 어리지 않습니다. 표현이 미숙할 뿐이지요.
아이의 이야기를 잘 들어야, 엄마도 잘 말할 수 있습니다.

저는 요즈음 한문서예를 배우기 시작했습니다. 이제 3개월째입니다. 경주시 평생학습가족관에 적당한 시간이 있어 나갑니다. 가서보니 저처럼 초보자는 거의 없습니다. 제 눈에는 전부 다 고수처럼 보입니다. 부럽기도 하고 '언제 나도 저렇게 할 수 있을까? 나도 할 수나 있을까?' 순식간에 질문이 몇 개나 제 머릿속을 왔다 갔다 합니다. 그래서 넌지시 선배님들께 물어보러 다닙니다. '와! 대단하셔요. 몇 년 하신 건지요?' '4년 됐습니다. 젊었을 때 조금하고 지금 다시 시작했습니다.' 대부분 4년 이상이십니다. 그래서 결정을 했습니다. 일단 목표 4년, 선생님만 따라다니자.

뜬금없이 왜 이런 이야기를 하느냐구요. 많은 사람들은 잘하는 분들의 결과만 보고 부러워합니다. 어떻게 저렇게 잘할 수 있을까? 하지만 얼마 동안 하셨는지, 힘들 땐 어떻게 견디셨는지, 지금은 힘들지 않은지, 과정에 대해 물어보는 사람은 드뭅니다.

부모교육도 마찬가지입니다. 저도 아이들의 말이 제대로 들린 지가 이 교육을 하고 난 후 6년쯤 지난 후였습니다. 물론 시작할 때는 서도 질 하고 있다고 자만했습니다. 아들이 그러더군요. 늘 서운하고 엄마랑 말이 안 통했다고요.

그런데 피드백을 주고받으면 6년 걸릴 것을 6개월로 단축시킬 수 있습니다. 단축시킬 수 있는 것은 단축시키는 것이 좋고, 한편으로 겪을 것은 겪어야 합니다. 아무것도 겪지 않고 얻은 것은 오래가지 못합니다.

서예 이야기를 계속해 보겠습니다.

저는 선생님과 오래 글을 쓸 시간이 없어 집에서 짬짬이 글을 써 갑니다. 채본을 받을 때는 거의 감격에 가깝습니다. 선생님이 글을 쓰시는 것만 봐도 어찌 그리 좋은지. 눈으로 순서를 외우고 필체도 옆에서 손으로 따라 그려봅니다. 그런데 집에 와서 막상 쓰려고 하면 순서도 기억이 안 나고 채본을 옆에 두고 쓰는데도 간격도 모양도 영 아닙니다. 이럴 때 선생님이 꼭 하시는 말씀이 있습니다. "혼자 쓰려고 하지 말고 교정을 받아 가야 해요." 한 번 썼던 글도 몇 번이나 교정을 받아야 합니다. '코칭'이 필요한 것이죠.

아이들이 피아노 학원에 가서도, 미술 학원에 가서도 꼭 선생님께 지도를 받아야 합니다. 그래야 앞으로 나갈 수가 있습니다. 태권도도 검도도 발레도 마찬가지입니다. 천부적으로 타고 나지 않고서는 누구든 배움이 필요합니다. 그리고 코칭이 필요합니다.

부모교육은 더 많은 코칭이 필요합니다. 아이는 가만히 있는 존재가 아니고 행동과 감정과 말과 표정이 늘 살아 있습니다. 마찬가지로 부모인 우리도 그렇지요. 변화무쌍하고 감정은 늘 동요하고, 상황은 한시도 똑같은 적이 없습니다. 기술을 배우는 것처럼 나만 열심히 해서 되는 일은 아니란 것이지요. 순간순간의 재치와 직관이 필요합니다. 직관의 훈련이 되어 있지 않고 각 상황에 맞는 적절한 대응법에 미숙한 우리는 금방 원래의 말 습관으로 돌아가 버리곤 하죠. 정말 난감합니다. 이때 좌절해선 안 됩니다. 이 과정이 연습이라고 생각해야 합니다. 연습할 때는 선생이 필요한 것이지요. 나만 안 되는 것일까? 라는 자조 섞인 물음이 아니라 어떻게 하면 지속할 수 있을까? 라는 답을 찾아갈 수 있는 질문이어야 합니다.

그리고 또 하나, 누구에게 도움을 받을까, 라는 질문은 반드시 필요합니다. 그래야 성장하고 달라질 수 있습니다. 코칭을 받을 수 있는 사람, 도움을 받을 수 있는 사람이 필요합니다. 현명하게 사는 사람은 도움을 받을 줄 아는 사람입니다. 무소의 뿔처럼 혼자 갈 필요는 없습니다. 함께 더불어 가는 것이 진짜 현명하게 사는 것입니다. 우리가 그렇게 사는 법을 알면 아이들에게도 그 방법을 쉽게 전수해 줄 수 있습니다. 배려를 먼저 배우기보다 도움을 받는 법을 먼저 배우는 것도 중요하지 않을까 생각합니다.

도움을 받는 가장 좋은 방법은 질문입니다. 질문하는 부모는 제대로 도움을 받을 수 있습니다. 질문으로 도움을 받아 가면 아이들도 질문을 통해 도움을 받는 방법을 쉽게 터득할 것입니다. 사례를 살펴 볼까요?

소장님, 어제 배운 데로 아이에게 써 보려고 하니까 잘 안 되는 걸요.

어떻게 시도를 해 보셨어요?

아이가 오늘 어린이집에 갔다 와서 풀이 죽어 있기에 무슨 일이 있었느냐고 물어봤지요.

그랬더니요?

선생님이 손을 들었는데도 친구는 발표를 시켜주고 자기는 발표를 시켜주지 않았대요. 그래서 발표를 시켜주지 않아서 속상했구나. 다음에 시켜달라고 할까? 했지요.

아이가 뭐라고 하던가요?

아냐! 하고 소리 지르고 울어버려서 더 이상 아무 말 못했어요. 그냥 '우리 딸 많이 속상했구나' 하고만 달래줬어요. 소장님 이럴 때 어떡해야 하지요?

잘 질문해 주셨는데 아이가 막상 잘 대응을 안해 주니까 많이 난감하셨겠어요.

네. 어떻게 해야 할지 모르겠어요. 아직 어린아이인데. 이렇게 제가 뭘 못하나 싶어요.

하하. 이제 시작인걸요. 같이 해 나가면 되지요. 저랑요.
어떤 내용을 발표하고 싶었을까요? 아이가?

그건 안 물어봤어요. 발표하고 싶었는데 친구는 발표를 하고 자기는 못하니까 질투가 났겠거니 했어요.

판단보다는 질문이지요. 어떤 시간에 어떤 내용인지 한번 물어보면 어떨까요? 아이가 꼭 이야기하고 싶은 내용인데 수업 시간이 촉박해서 선생님께서 모든 아이들 이야기를 들어주실 시간이 없었을지도 모르죠.

그럴 수도 있겠네요. 저는 단순하게 친구는 발표하고 우리아이는 발표를 못해서 속상한 걸로만 알았어요.

그런 것도 아이에게 물어봐주는 것이 좋을 듯합니다. 그것도 아이가 말을 직접 하게 되면 누가 자신의 말을 들어줌으로 해서 불편한 감정들이 많이 사그라들거든요.

아이에게 한번 물어볼게요.

· · ·

소장님. 아이에게 물어봤어요. 어떤 발표를 하려고 했는지요.

네, 어머니. 아이는 뭐라고 하던가요?

지난주 일요일에 아이를 데리고 캠핑을 갔거든요. 개울이 있어서 아빠랑 물고기도 잡고 그랬어요. 남편이 아이와 무척 많은 이야기를 했는데 그날 우리 아이가 무척 기분 좋아했어요. 어린이집 수업시간에 물고기에 대한 이야기가 나왔나봐요. 아이는 아빠와 즐거웠던 이야기까지 하고 싶었는데 그 기회를 가지지 못한 것이 정말 속상했나봐요. 친구에게 질투를 한 게 아니라 자기 이야기를 다 하지 못한 게 너무 속상했다고 하더군요. 게다가 아빠랑 캠핑을 처음 갔거든요.

물고기 이야기가 나오니까 아빠와 함께 캠핑가서 물고기 잡았던 이야기가 다 떠올랐나봐요. 그 기분 좋은 이야기를 하고 싶은데 수업시간에 손을 들어도 기회를 갖지 못했군요. 아빠 이야기를 하고 싶었던 것일까요?

아빠 이야기, 자기도 캠핑 갔다는 이야기, 물고기 같이 잡았던 이야기, 아이가 하고 싶었던 이야기가 많았더라고요.

어머님이 충분히 이야기를 하도록 도와주셨군요.

네. 아이가 신이 나서 이야기했어요. 그렇게 이야기를 잘 하는지 몰랐어요. 그냥 즐거웠다는 정도만 알고 있었는데 막상 아이가 신나게 이야기하는 것을 보니, 아이가 직접 이야기를 하는 시간을 갖는 게 중요하다는 것을 알게 되었습니다.

아이가 이야기를 다 하고 나니 어떻다고 하던가요?

속상한 것이 없어졌대요. 어린이집에 가서 다시 친구들에게 자랑할 거라고 했어요.

네, 아이의 마음을 잘 알게 되셔서 다행입니다. 아이의 생각 물어보기, 판단하지 않기, 잘 실천하셨어요.

군대를 제대하고 학교에 복학한 대학생 아들 둘을 둔 저도 아직 '부모되기' 진행형입니다. 장성한 아들과 함께 동행하기 위해 매일 배우고 연습하고 있습니다. 우리는 평생 연습하는 부모가 돼야 한다는 게 저의 생각입니다. 연습하는 것은 부끄러운 일이 아니거든요. 대신 누군가와 같이 나누면서 위로하고 지지받고 수정하고 하는 과정이 포함되어야 합니다.

참지 말고 기다리기

참으면 어느 순간 폭발합니다.
기다리면 엄마도 아이도 함께 성장할 수 있습니다.

부모교육을 받으면 마치 정답을 찾은 것처럼 들뜰 때가 많습니다. '내가 찾던 답이 바로 이거구나!'라고 생각하고는 집에 가서 바로 아이들에게 써 봅니다. 기대와 달리 아이들은 하루쯤 부모의 말에 반응하다 이내 원래 모습으로 되돌아 갑니다. 영, 유아들의 엄마들은 오히려 행복한 경우에 속합니다. 초등학교 고학년 이상인 아이들은 엄마의 이런 저런 교육법이 거의 안 통한다는 소리를 많이 듣거든요.

그럴 때마다 생각해 보셨으면 하는 점이 있습니다. 하루아침에 좋은 부모가 되기 어려운 것처럼, 아이들도 하루아침에 바뀔 순 없습니다. 습관을 바꾸려면 에너지가 많이 필요합니다. 습관대로 하면 훨씬 편하기 때문이죠. 감정적으로 불편함을 느끼더라도 익숙한 대로 행동하기 마련입니다. 어른도 습관을 쉽게 고치지 못하는데 아이의 말과 행동, 감정이 변화하고 부모와 소통을 하기까지는 시간이 필요합니다.

아이가 3살이면 3년의 습관이 따라붙어 있고, 7살이면 7년의 습관이 붙어 있겠지요. 10년이면 10년의 습관이 붙어 있습니다. 이 말은 3살이면 습관을 완전히 바꾸는데 3년이 걸리고, 7살이면 7년이 걸리고, 10살이면 10년이 걸린다는 의미로 보면 됩니다. 그만큼 오랫동안 서서히 바뀐다는 생각으로 인내심을 가져야 합니다. 즉, 참는 것이 아니라 '기다리는' 부모가 되어야 합니다. 아이의 나이만큼 말이죠.

유아기 때에는 사회, 즉 어린이집이나 유치원에서의 활동이 상대적으로 아이의 성격에 영향을 덜 끼칩니다. 부모의 영향이 가장 큰 시기이기 때문에 희망적입니다. 부모가 아이에게 주는 자극만 바꾸면 아이들의 행동, 즉 반응도 빨리 바뀝니다. 초등학생만 되어도 주위 친구들의 영향을 많이 받습니다. 사례들로 보았을 때 아이와 부모가 소통하고, 아이가 자신만의 모습을 찾기까지 필요한 시간은 그 아이 나이의 반 정도로 보면 좋을 것 같습니다. 영, 유아의 경우 짧게 보면 한 달에서 석 달, 길게 잡으면 6개월 정도면 되리라 믿습니다.

문제는 건강한 자극을 주어야 하는 부모가 자신의 원래 습관대로 되돌아가는 경우입니다. 부모 역시 사람이기 때문에 기존의 자녀를 대하는 태도를 바꾸려면 노력과 시간이 필요합니다. 아이를 바꾸려면 나를 바꿔야 합니다. 교육을 받은 부모님들의 말로는 일반적으로 6개월 정도는 필요했다고 합니다.

내 행동 하나하나가 아이에게 영향을 끼칩니다. '부모'라는 역할이 어렵기도 하고 막중하기도 합니다만 그래서 감사하기도 합니다. 우리의 반응은 아이들에게 자극이 됩니다. 그리고 아이들의 반응을 통해 금방 되돌아오거든요. 지금 내가 어떻게 하고 있었는지 바로바로 아이들이 보여줍니다. 말하자면 거울처럼 우리의 행동을 들여다 볼 수 있다는 것이지요. 거울을 보고 있으면 우리는 바로 수정이 가능합니다. 이런 아이들의 행동을 관찰할 수만 있다면 영, 유아기의 부모님들은 행복한 사람들입니다. 아이들은 거짓 없이 바로 보여주거든요. 나도 성장하고, 아이도 성장할 수 있는 이유가 바로 이것 때문입니다.

좀 더 쉬운 제안을 드리면 행동 습관을 바꾸는 것보다 말 습관만 바꾸자 입니다. 말을 바꾸는 것은 행동을 바꾸는 것보다 쉽습니다. 말이 완전히 바뀌고 나면 행동은 그에 따라 바뀌게 되어 있다고 믿습니다.

얼마 전에 교육을 마친 후 한 어머니가 이런 질문을 하셨습니다.

"선생님, 아이가 자꾸 짜증을 내는데 어떻게 하면 좋을까요?"

그래서 제가 아이가 몇 살인지 물어보았습니다. 4살이라고 했습니다. 그래서 제가 다시 질문을 했습니다. "어머니는 짜증을 안 내시나요?" 이렇게 글로 적으니 저돌적인 질문 같지만 실제로는 아주 친절하게 질문했습니다. 그랬더니 어머니가 잠깐 생각을 하시더니, '아!' 하고는 답하셨습니다.

"제가 짜증을 내니까 아이가 짜증을 내는군요. 둘째가 태어나고는 자주 짜증을 냈습니다. 큰아이에게요. 제가 바뀌면 아이도 짜증을 안낼 수 있겠네요."

답은 아주 명쾌합니다. 부모가 여유가 있으면 아이가 짜증을 내는 이유를 들어주게 됩니다. 하지만 짜증을 잘 내는 부모는 마음의 여유가 없습니다. 게다가 자신의 짜증내는 모습은 볼 수 없으니 아이의 짜증만 불쾌하게 느끼고 야단치게 되는 거지요. 아이는 부모 행동의 거울입니다.

아이가 하고 싶어 하는 것을 잘 알아차릴 수 있으면 아이의 욕구가 어디서 좌절되고 있는지도 알 수 있습니다. 부모가 욕구를 해결해 주는 것이 아니라 아이의 욕구가 무엇인지 표현하게 하고, 할 수 있는 것과 할 수 없는 것을 어떻게 겪어 나갈 것인지 대화로 풀어나가면 됩니다.

착하고 말 잘 듣는 모범생으로 만드는 것이 질문을 배우는 부모의 목표는 아닐 것입니다. 자기표현을 할 수 있는 아이, 용기를 내어 말할 수 있는 아이, 건강한 행동을 하는 아이, '그 아이다움'을 찾는 것이 목표라면 순식간에 말을 잘 듣는 행동수정에만 집착하지 않고 아이의 모든 표현을 수용하고 문제해결 능력까지 갖추도록 동행해 주시면 어떨까요?

말이 바뀌면 행동이 바뀐다

행동을 바꾸는 것은 매우 어렵습니다.
말은 행동을 관장합니다. 말을 바꾸면 행동은 쉽게 바뀝니다.

말 습관을 바꾸는 것은 자전거 타기를 배우는 것과 같습니다. 처음에는 어렵습니다. 비틀거리면서 넘어지기도 하고 다치기도 합니다. 처음 시작할 때 잘 안된다고 포기해 버리면 자전거는 평생 못 탈지 모릅니다. 자전거에 익숙한 사람들은 처음에 자신들이 어떻게 균형을 잡고 자전거를 타게 되었는지 기억하지 못합니다. 단지 지금은 몸이 기억하고 있기 때문에 자연스럽게 자전거를 타는 것이지요.

질문하는 말 습관은 부단한 연습이 필요합니다. 자꾸 반복해서 '연습'을 해야 합니다. 문제는 다른 것과는 달리 말하기는 일상이 실전이자 연습의 무대입니다. 가장 소중한 사람들이 대상입니다. 그래서 실수가 상처가 될 수 있습니다. 그럼에도 질문과 말하기를 연습해야 하는 이유는 필요하고 중요한 일이기 때문입니다. '너의 생각은 어떠니?' 중요한 줄 알면서도 일상에서 거의 쓰지 않습니다.

'소리'는 사람의 일생을 바꾸기도 합니다. 생명을 구하기도 합니다. 말한마디로 천 냥 빚을 갚는다는 속담을 보면 어찌 이리 절묘하게 표현했을까 탄복합니다. 빚을 갚을 정도면 얼마나 많은 덕이 말에서 뿜어져 나온다는 것일까요? 게다가 말하기 연습은 공짜입니다. 누구에게나 주어진 공평한 기회와 능력 중에 시간과 언어만큼 감사한 것은 없다고 봅니다. 이 두 가지만 잘 쓰면 우리의 삶이 얼마나 행복감으로 충만할까요?

그렇다면 언제까지 연습을 해야 하느냐, 맞습니다. 될 때까지입니다. 연습을 해서 안 되는 것은 없습니다. 세상 어떤 것보다 말하는 연습, 질문하는 연습, 그렇게 하기 위해 잘 듣는 연습까지 곁들여야 합니다.

아주 다행스럽게도 한 집에 한 사람만 질문을 하는 말 습관에 익숙하면 가족들에게 '행복한 전염'을 시키는 것은 시간 문제입니다. 질문하는, 혹은 잘 표현하는 말의 습관은 배우는 것으로만 되지 않습니다. 별 다른 교안도 없습니다. 실전에서 계속 연습해야 합니다. 실전에서 연습을 하면 따라하기 쉽지요. 어린 아이들은 금방 따라합니다. 부모의 말 연습은 바로 아이들에게 배움이 됩니다. 굳이 따로 과외도 필요 없습니다.

말이 바뀌면 행동이 바뀐다고 말씀을 드렸지요. 말과 행동이 바뀌면 다른 사람들에게 영향을 미치는 것은 당연합니다. 행복한 영향력을 주게 되는 것입니다. 이 교육을 하면 가장 부러움을 받는 사람들이 아기가 뱃속에 있거나, 영유아들의 어머니들입니다. 얼마나 적절하고 중요한 시기인지 아이를 다 키운 부모들은 아쉬워하고 부러워합니다. 이 소중한 때를 놓치지 않으셨으면 좋겠습니다.

02

어른과는 다른 아이의 생각

아이의 시간은 '현재' 뿐이다

경험이 없는 아이들은 시간에 대한 개념이 없습니다.
지금만 있을 뿐입니다.

어른과 아이의 대화를 보면 표면적으론 잘 이뤄지는 것 같지만 실제로는 아닌 경우가 많습니다. 아이들과 어른은 생각의 '차원'이 다르기 때문입니다. 생각은 우리가 상상하는 것 이상으로 많은 차원을 가지고 있습니다. 생각의 차원에 영향을 미치는 것을 중심으로 이야기를 해 보도록 하겠습니다. 먼저 아이들은 어른들과 '시간'의 차원이 다릅니다.

"엄마, 장난감 사줘!"
"나중에 사줄게. 엄마 아빠가 돈 많이 벌면"

아이는 엄마의 말을 오롯이 받아들이기 힘듭니다. 나중이 얼마나 오랜 시간 뒤인지, 왜 지금 당장이 아니라 나중에 해야 하는지 이해하지 못하죠. 부모가 되기까지 우리에게는 많은 시간이 축적되어 있습니다.

시간이 축적되어 있다는 것은 경험이 쌓여 있는 것이고, 이 경험에는 다양한 감정까지 응축되어 있습니다. 시간이 흘렀다는 것은 세월만 흐르고 생물학적인 겉모습만 바뀌었다는 것만이 아닙니다.

우리는 생각을 표현할 때 말을 비롯해 몸짓과 표정, 글 등 다양한 방법으로 표현합니다. 일상생활에서 항상 내 생각을 표현하고 있다고 생각하겠지만 '제대로 표현하고 있는 것일까?'라고 질문해 보는 것이 필요합니다. 같은 단어를 말하더라도 다른 의미로 사용할 가능성이 높습니다. 언어는 생각을 표현하는 도구이지만, 사람마다 경험과 지식에 따라 독특한 의미가 담겨있기 때문입니다. 정해진 단어들로 말한다고 나의 생각까지 잘 표현되기란 매우 어렵습니다.

어른들끼리도 그런데 하물며 아이들은 어떨까요. 아이들은 자신의 생각을 말로 표현하기가 더욱 힘듭니다. 아니, 사실 너무 잘 표현하고 있는데 어른들의 생각의 차원으로 받아들이기 때문에 '해석'을 잘못하고 있는지 모릅니다. 또 다른 문제는 부모들이 아이들이 어떻게 생각하고 있는지 묻기보다는, 아이는 아무것도 모른다고 생각하고 '가르쳐 줘야 한다'라는 사명감에 사로잡혀 있다는 것입니다.

경험한 시간이 있고, 실패해 본 아픔이 있고, 미래에 대한 불안이 많은 부모들은 아이들의 말과 행동을 자신의 기준으로 분석합니다. '저렇게 하면 안 되는데, 저렇게 하면 커서 뭐가 될까? 어떻게 먹고 살 수 있을까?'라고 다양한 '시간의 차원'까지 넣어서 받아들이지요. 즉 과거 자신들의 실패 경험과 미래에 대한 불안의 눈으로 아이들을 바라봅니다.

이렇게 본다면 어른이 된다는 것은 매우 불행하게도 현재를 상실한다는 의미이기도 합니다.

시간의 차원을 아이들의 기준에서 생각하면 문제는 간단해 집니다. 아이들은 과거가 짧습니다. 과거라는 시간이 쌓이면서 점점 세상을 배워가기는 합니다만 시간 개념을 가지고 있지는 않지요. 미래에 대한 개념도 없습니다. 단지 '현재' 밖에 없습니다. 현재의 일만이 중요하지요. 그런 의미에서 아이들은 지금, 현재 행복할 수밖에 없습니다. 이 행복을 빼앗는 작업을 우리는 많이 합니다. 미래에 대한 불안을 심어주기 시작하죠. 그래서 하게 되는 것이 공부를 시키는 것입니다. 자기의 일은 알아서 해야 하고, 동생을 잘 돌보아야 하며, 밥도 잘 먹어야 하고, 친구들에게 배려도 잘해야 한다고 가르치기도 합니다. 그렇게 해야 아이가 성인이 되었을 때 행복할 수 있다고 믿습니다. 어른의 생각으로 아이가 현재에 가지고 있는 행복을 빼앗는 것입니다.

아이들에게 지금 이 순간 좋아하는 일을 할 수 있도록 도와주어야 합니다. 아이들은 현재가 쌓여서 '과거'라는 창고 속에 축적되기 때문입니다. 그리고 과거에 축적된 지혜들을 끄집어내어서 쓰는 것은 현재여야 합니다. 공부라는 형태로 축적시켜 놓았다가 미래에 쓰는 것이 아닙니다. 쌓여진 과거가 현재에 발휘되면서 행복한 지금이 미래로 향해 가는 것입니다. 과거로의 회귀가 아니라 현재에서 미래로 나아가는 존재가 되어야 합니다.

현재는 즐거운 일만 있는 것이 아닙니다. 힘든 일도 있고, 좌절하는 일도 있습니다. 서운함과 배신감을 느낄 수도 있을 겁니다. 매일 새로운 일이 우리에게 다가옵니다. 아이들이 현재에 겪는 일들을 어른들은 어떻게 보고 있을까요?

어른들은 아이들이 어려움을 겪는 것을 견디기 힘들어 합니다. 아이들보다 먼저 상처를 입는 쪽은 부모입니다. 아이들에게는 그냥 일어나는 일들입니다. 아이들의 세계도 우리가 겪는 모든 일들이 일어납니다. 그러니 아이들에게 '현재' 일어나는 일에 집중해야 합니다. 어려움을 겪어내고, 마음껏 기뻐하고, 문제를 해결하고 난 다음에 느끼는 성취감까지 모두 현재 아이들이 겪는 일입니다. 아이들의 현재에 동행하는 부모들은 자신이 겪는 현재 시간의 의미도 찾을 수 있을 겁니다. 거듭 말하지만 아이들과 똑같은 일을 우리도 겪어내고 있거든요. 어떤 것도 의미가 없는 일이 없습니다. 아이들만 배우는 것이 아니라 우리도 계속 배워 나갑니다. 아이와 함께 배우는 현재의 시간은 아이들이 우리들에게 주는 선물입니다.

앞서 장난감을 사달라는 이야기의 조금 다른 사례를 살펴볼까요?

엄마 장난감 사 줘.

우리 예쁜 딸이 장난감이 갖고 싶구나, 어떤 장난감이 갖고 싶은 걸까?

겨울왕국의 엘사 인형 사 줘.

엘사 인형이 갖고 싶구나. 엘사 인형은 어떻게 생겼을까?

엘사는 공주님이야. 긴 옷을 입고 머리에 반짝이는 거 있어.

잘 기억하는구나. 한번 그려 볼래?

응. 이렇게 생겼어.

와! 예쁘구나. 우리 딸이 엘사 인형은 왜 가지고 싶었을까?

오늘 어린이집에서 주희가 가지고 왔어. 내가 좀 가지고 놀자고 했는데 안 줬어.

아. 주희가 어린이집에 예쁜 엘사 공주를 가지고 왔구나. 그런데 선영이가 좀 가지고 놀고 싶었는데 안 빌려줬어. 그래서 선영이가 기분이 안 좋았구나.

응. 그러니까 나도 엘사 인형 사 줘.

음, 우리 선영이가 엘사 공주 인형이 갖고 싶은데 그 이유가 주희가 안 빌려줘서 그렇다는 거지.

나도 주희한테 가서 자랑할래.

하하, 그럼 주희한테 자랑할 수 있는 것이 뭐 또 없을까?

음, 주희보다는 내가 더 노래 잘해.

그리고 주희보다 우리 딸이 더 예뻐. 엄마 눈에는 선영이가 세상에서 제일 예뻐. 또 뭐 없을까?

난 책도 읽을 줄 알아.

그래, 우리 선영이가 책도 읽어서 《겨울왕국》 동화책도 읽을 줄 알지.

나 내일 가서 겨울왕국 읽을 줄 안다는 것 자랑할래.

그래. 그러고 보니 주희는 엘사 인형을 갖고 있지만 선영이는 잘 하는 게 참 많구나. 엘사 인형은 누구나 살 수 있지만 선영이가 가지고 있는 능력은 아무도 가질 수가 없을 것 같아.

이 정도로 끝나지는 않습니다. 여기까지가 1차이고 그 다음날 아이는 다른 문제를 가지고 귀가할지도 모릅니다. 잘하는 것을 자랑하다가 잘난 척한다는 말을 듣는 결과를 가져올 수도 있으므로, 다시 마음의 준비를 하고 있어야 합니다. 핵심은 아이의 마음을 들여다 보는 것입니다. 단지 친구가 가지고 있다는 것만으로 샘이 나서 가지고 싶은 것인지, 정말 자신의 욕구와 필요에 의해 인형을 갖고 싶은 것인지 부모도, 그리고 아이 스스로도 잘 구분하도록 하는 것이 필요합니다.

경험이 적어 어른의 논리를
받아들이지 못하는 아이

아이들의 생각과 말을 어른의 시각으로 판단하면
아이는 스스로 생각하기를 멈춰 버립니다.

경험과 더불어 감정 역시 시간에 따라 쌓이며 새로운 차원을 만듭니다. 아이들에게 건강한 감정의 차원들이 쌓이도록 도와주어야 합니다. 감정은 경험을 통해서 만들어지고 축적됩니다. 이때 경험과 감정은 분리하는 것이 바람직하지만 실제로 어른들의 삶에서도 분리하는 게 쉽지가 않습니다. 문제는 감정과 경험을 분리하지 못하는 어른은 아이들이 감정과 상황을 분리하는 것을 도와주지 못한다는 것입니다.

예를 들어 아이가 부모가 시키는 대로 하지 않으면 화가 많이 납니다. 이때 순간적으로 '이 조그만 애가 나를 무시하는구나'라고 감정적으로 판단해 버립니다. 아이와 내가 서로 다른 생각의 차원에 있다고 가늠할 여유도 없습니다. 아이들은 그저께 무엇을 잘못했는지는 기억하지 못합니다. 단지 엄마한테 혼이 나서 무서웠다는 '감정을 기억'하고 있습니다. 그래서 엄마가 뭔가 화난 낌새를 보이면 잘못했다는 생각보다는 무섭다는 감정이 앞서서 어쩔 줄 몰라 합니다. 엄마는 더 긴 시간을 살아오면서 피해의식이 쌓이기도 하고, 인정받지 못함에 대한 욕구가 쌓이기도 하고, 여러 가지 실패의 경험을 통해서 억울함이나 화, 혹은 외로움이나 두려움 그리고 분노 등을 뒤섞인 채로 간직하고 있습니다. 그래서 작은 아이들의 행동이나 말에서 부모인 자신을 무시한다는 느낌을 받으면서 폭발하는 경우가 많습니다.

어른들이 오랜 경험을 통해서 가지고 있는 복잡한 감정과 다차원의 생각은 아이들을 왜곡된 시선으로 바라보게 만듭니다. 아이들과 소통하려면 아이들을 '현재의 차원'에서 이해해야 하는데, 어른들은 과거와 미래의 차원이 혼합된 상태로 아이들을 대할 수밖에 없습니다. 이상하게도 어른들은 아이들을 바라볼 때 자신의 성공담과 긍정적인 감정을 가지고 바라보는 일이 잘 되지 않는 것 같습니다. 마냥 어리게만 보이는 아이들이 실패하거나 상처를 입는 일을 무의식적으로 두려워하거든요. 아이들이 감당해 내지 못할 것 같으니까요.

어른들이 먼저 현재를 직시하는 방법을 배워야 합니다.

이런 두려움이 어떤 일을 선택하거나 판단하는 데 가장 큰 장애가 된다는 것을 알아야 합니다. 아이들이 자신들만의 경험을 축적해서 지혜를 얻기 전에 어른들의 왜곡된 생각의 차원으로 지시를 내리는 말과 행동들은 아이를 그 아이답지 못하게 만듭니다. 아이는 가장 그 아이다웠을 때 강하고 지혜로워집니다. 그 아이만의 직관이 발달해야 하고 그 아이만의 생각이 잘 정리되어야 합니다. 그래야 자신의 생각과 타인의 생각 그리고 자연과 사물들을 받아들일 때에도 자신의 온전한 생각과 바깥 세계로부터 오는 정보들을 잘 조합할 수 있는 창조적 인간이 되는 것입니다.

경험의 차원이 다르기 때문에 생각의 차원이 다르다는 것을 이해하면 사람들을 이해하는 것이 쉬워집니다. 나와 다른 사람들의 생각을 받아들일 수 있고, 사람을 잘 알 수 있습니다. 마찬가지로 아이들의 생각의 차원을 이해하려면 아이들의 경험은 매우 적다는 것을 알아야 합니다. 그렇다고 우리가 다 아는 것도 아닙니다. 판단하기보다 '너의 생각이 뭐니?'라고 물어봐야 합니다. 이해한다는 것은 생각을 안다는 것과는 다릅니다. 어떤 생각의 차원을 가지고 있는 지 물어본다는 것이 사람을 제대로 이해하는 것입니다.

'너는 어떻게 생각해?'

'갑자기 왜 궁금해졌어?'

'네가 생각한 것을 설명해 줄래?'

'예를 들어서 설명해줘'

이런 질문들을 습관화하면 아이들의 생각의 차원을 이해할 수 있습니다. 이야기가 길어지면서 대화가 가능해 지는 것입니다. 또한 이런 과정을 통해 아이들도 생각의 차원을 점점 키워갈 수가 있습니다. 주거니 받거니 하는 이야기 속에 아이들은 자신들의 생각을 잘 정리하고 확대하면서 무한대의 깊이로 뿌리를 내릴 것입니다.

아이의 행동을 바꾸는 엄마의 말투

교육은 거창한 것이 아닙니다.
사소한 말투라도 아이는 온몸으로 받아들입니다.

'나비효과'라는 것이 있습니다. 나비의 작은 날개짓이 토네이도를 불러일으킬 수도 있다는 이론입니다. 이 용어는 미스터리 작가인 브래드 버리의 1952년 단편소설 속에서 처음 등장한 이론이지만 미국의 기상학자가 현실에서 증명했습니다. 기상예보를 위한 프로그램에 0.506127이라는 숫자를 소수점 4자리 밑을 생략해 본거죠. 즉 0.506을 입력합니다. 별 다른 영향을 줄 수 없다고 생각되는 미세한 숫자라 별 생각 없이 그렇게 했겠지요. 결과는 놀라웠습니다. 0.506을 입력하면 아주 맑음이라는 날씨가 예상되는데 0.506127을 입력하니 천둥번개가 치는 날씨가 예측이 되었던 것이죠. 이것이 나비효과, 즉 작은 변수가 시간과 공간을 거치면 큰 변화를 일으킬 수 있다고 하는 것이랍니다.

우리 아이들은 우리보다 시간과 공간이라는 마법의 약을 훨씬 많이 가지고 있습니다. '세 살 버릇 여든까지 간다'라는 속담이 있지 않습니까? 세 살짜리 유아와 여든의 할아버지는 전혀 어울릴 것 같지 않지만 시간이라는 통로 안에서는 일맥상통하는 줄기가 있습니다. 자녀교육을 할 때도 이 '나비효과'를 항상 기억해야 합니다.

아이들이 마냥 어리게 보이기 때문에 어른이라고 하는 시간의 탈을 쓴 부모들은 자신들이 생각하는 데로 '맞춤' 교육을 하려 애쓰지요. 아이들의 눈빛을 바라보면서 아이들의 반응에 신경쓰기보다는 주입하는 것을 잘 받아들이는지에만 관심을 가집니다. 이때 어른이 주는 자극이 시간의 통로라는 변수를 거치면 아이가 성장했을 때 어마어마하게 다른 결과로 나타나게 됩니다. 만약에 아이들이 본능적으로 뿜어내는 호기심, 자기다움을 탄탄하게 해준다면, 긴 시간이 흐른 후 아이가 어떤 모습으로 변할지 기대가 되지 않을까요?

작은 변수와 함께 큰 변수도 많지요. 여기에는 아이들의 내적인 것도 있고 외적인 것도 있습니다. 아이들이 만나는 사람들도 변수가 될 수 있습니다. 어린이집, 유치원의 환경도 변수가 될 수 있겠지요. 그만큼 어린 아이들의 경우 '지금 현재'에 경험하는 시간이 매우 중요합니다. 지금을 어떻게 겪는가에 따라 아이들의 미래가 달라지기 때문입니다.

그리고 이 변수 중에 가장 강력하면서, 동시에 부모의 중요한 역할이라고 할 수 있는 것이 바로 '부모의 말'입니다.

특히나 어린 아이들에게 부모의 말의 영향력은 긴 시간이 지나지 않아도 확연하게 드러납니다. 하루 동안에도 아이의 마음을 화창한 날에서 천둥벼락이 치는 날로 바꿀 수 있는 것이 부모의 말입니다.

세 살 때 들은 말이 여든 살, 즉 '일생에 걸쳐서 힘이 되는 부모의 말'에는 어떤 것들이 있을까요?

세 살 때 들은 말이 '일생에 걸쳐서 콤플렉스로 작용하는 부모의 말'은 어떤 것들이 있을까요?

천천히 자신의 말을 분석하면서 살펴보는 시간을 가졌으면 좋겠습니다. 시간이 주는 마법의 힘으로 우리가 얻지 못했던 것들을 아이들은 자연스럽게 경험하면서 만들어 갈 수 있습니다. 어른이 된 우리는 그 시간의 마법을 잘 써 보지 못했기 때문에 아이들을 재촉하고 있는 것이지요. 마법의 힘을 없애버리고 있다는 의미입니다. 즉시 나타나는 효과를 위한 교육이 아닌 오랜 시간이 흐른 뒤에 힘을 가지는 교육을 위해 나비효과를 기억했으면 합니다.

아이와 어른의 상대적 시간

아이의 현재는 길고 재밌는데, 어른의 시간은 조급하고 짧습니다.
어른이 아닌 아이의 시간을 함께 즐기세요.

아이와 대화하다 보면 어른 입장에서 아이가 답답하게 느껴질 때가
있습니다.

(책 제목을 가리키며) 이거 무슨 글자야?

잘 모르겠어.

아니, 어제 배웠는데 그새 까먹었어?

엄마 근데, 고양이 울음소리가 난다.

아니, 지금 어제 배운 글자 얘기하는데 웬 고양이 얘기야?

엄마, 잘 들어봐, 고양이가 울어.

아니, 내년이면 학교에 들어가야 하는데 아직 한글도 못 떼
고, 어떡해, 난 몰라.

절대적이라는 것이 있을까요? 절대적이라는 것이 있다는 말은 정답이 있다는 뜻입니다. 상대적이라는 것은 비교 기준이 그때그때 다름을 의미합니다. 우스갯소리이긴 하지만 "서울에서 부산까지 가장 빠르게 가는 방법은?"이라는 질문을 강연 때 몇 번 해 본 적이 있습니다.

어떤 방법이 있을까요? 아마 '사랑하는 사람과 같이 가기'가 많은 답들 중 하나가 아닐까 싶습니다. 반대로 싫어하는 사람과 같이 있는 5분은 아마 5시간 이상으로 더디단 느낌을 받을 것입니다. 이 시간의 상대성이란 개념을 이해하면 아이들도 훨씬 더 쉽게 이해할 수 있습니다.

시간의 상대성을 이렇게 비유할 수도 있습니다. 한 사람이 KTX를 타고 기차여행을 합니다. 그 사람이 기차 안을 바라보는 느낌과, 창문을 통해 바깥 풍경을 바라볼 때의 느낌은 매우 다를 것입니다. 기차 안은 매우 조용하고 느린 시간으로 보이겠지만, 창밖의 풍경은 매우 빠르게 지나가는 것을 알 수 있습니다. 그럼 반대로 기차 밖에 있는 사람은 어떨까요? 그 사람이 있는 장소의 시간은 평소와 같이 매우 느리게 진행되고 있지만 기차를 바라보면 어떨까요? 기차가 매우 빠르게 지나가서 속도를 따라가기가 힘들 것입니다.

아이들은 현재의 시간을 지내고 있습니다. 매우 느리고 천천히 지나갑니다. 어른들의 시각에서 시간은 어떨까요? 흔히 하는 소리로 20대엔 시속 20km, 30대엔 시속 30km, 40대엔 시속 40km로 달린다고 합니다. 어른으로서 느끼는 속도는 현대 사회가 40km보다 훨씬 빠르게 달린다는 걸 실감하실 겁니다. 우리가 어릴 때에 비하면 지금 사회는 거의 초

단위로 변하기 때문입니다. 그래서 부모의 마음은 다급할 수밖에 없습니다. 기차라는 공간에 함께 있다고 했을 때, 어른의 시선은 빠르게 지나가고 변화하는 창밖에 있는 것이고, 아이들은 기차 안에 시선이 머무르는 것이지요.

세상은 빠르게 변하고 있지만 기차 안의 아이들은 매우 천진하게 자신만의 시간을 즐기고 있습니다. 어른들의 마음은 급해지고, 그래서 빨리 움직이지 않는 아이들이 불안합니다. 바깥 세상에 적응하지 못할까 걱정이 됩니다. 그래서 아이들이 보내고 있는 '현재'를 이해하지 못합니다. 깔깔 웃고 즐기는 모습을 보면 저런 시간에 무엇인가를 더 준비해야 한다고 생각합니다. 마찬가지로 자신에게도 그 시간의 개념을 적용시키기 위해 더 분주해 지고 더 바빠지지 않으면 뒤떨어진 존재가 되는 것처럼 움직이기 일쑤입니다. 기차 안에 있다고 기차처럼 빠르게 달릴 필요는 없습니다. 오히려 빠르게 달리는 기차 안에서 느긋함, 여유, 즐김의 시간을 가지는 사람들이 기차가 멈춘 역에서도 여유를 찾을 수 있습니다.

아이들의 시선에서 한번 볼까요?

아이들은 지금 기차 안에 있습니다. 비록 좁지만 놀거리가 많습니다. 그런데 어른들은 창밖만 보고 있습니다. 그리고 시간만 쳐다보고 있습니다. 기차에서 내리고 난 다음의 일정을 생각하고 있습니다. 아이들을 바라보지도 않네요. 가끔 건성으로 대답을 하기는 합니다.

아이들에게 어른들은 늘 바빠 보입니다. '바쁘다'라는 말을 입에 달고 빨리빨리 하라고 합니다. 무엇을 빨리 해야 하는지, 왜 빨리 해야 하느지 도대체 설명해 주는 사람이 없습니다. 나중에 커 보면 안다고 합니다. 엄마, 아빠께 고마워할 거라고 이야기합니다. 뭔가 빨리 터득하면 잘했다는 소리와 함께 손뼉을 쳐주기도 합니다. 처음에는 그것이 기분이 나쁘지 않고 좋았습니다. 그런데 점점 뭔가를 잘하게 되면 또 다른 것을 하라고 시키기 시작합니다. 내가 하고 싶은 것이 아닌데, 부모가 바라보는 바깥 풍경이 달려가는 속도에 맞춰서 나에게 자꾸 새로운 것을 하라고 요구합니다. 엄마가 원하는 만큼 하지 않으면 엄마는 화를 내거나 더 많이 하도록 시킵니다.

지금 내 눈에는 하늘이 보이고, 꽃이 보이고, 새소리도 들리고, 돌멩이도 보이고, 바람도 불고, 신기한 것이 참 많습니다. 내 주변만 둘러 보아도 묻고 싶은 것이 많습니다. 왜 이 집 담은 높은지, 아파트는 왜 담이 없는지, 왜 마당이 없는지, 마당에 풀과 꽃은 어떻게 구분을 하는지, 그 많은 꽃 이름들은 누가 붙여줬는지, 왜 나는 동생이 되었는지, 왜 옆집에는 아이가 하나밖에 없는지, 새들은 왜 모습이 다른지, 우리 집 강아지와 옆집 강아지는 왜 모습이 다른지, 우리나라와 다른 나라는 왜 구분해야 하는지, 어른들은 텔레비전 속에서 왜 다른 사람들을 잘못했다고 하는지, 뉴스에서는 왜 안 좋은 이야기들만 들려주는지, 우리 엄마는 장난감을 잘 안 사주는데 친구 연우는 왜 새로운 장난감 자랑을 많이 하는지, 궁금한 것이 정말 많습니다.

또 엄마는 왜 매일 바쁜지, 왜 자꾸 서두르는지, 그리고 할 일이 왜 그리 많은지, 왜 나랑 이야기할 시간만 되면 힘들다 하는지, 왜 내가 궁금한 것은 쓸데없는 거라고 하는지, 왜 물으면 다음에 이야기해 준다고 하는지, 동생한테는 왜 잘해줘야 하는지, 동생이 잘못해도 나는 참아야 하는지, 왜 골고루 먹어야 하는지, 왜 건강해야 하는지, 건강한 게 무엇인지, 나중에 잘 산다는 것은 무슨 뜻인지, 나는 바깥에 나가서 놀고 싶은데 왜 안 된다고 하는 건지, 할머니 집에도 가고 싶은데 엄마는 왜 자주 안 데리고 가는지.

아이 입장에선 알고 싶은 것들이 너무나 많습니다. 나중에 저절로 알게 될 것이라고 하며 뭔가를 시키는데 이유를 알면 더 재미있게 할 수 있을 것 같습니다. 엄마는 이유를 다 아는 것 같은데 알려주지도 않고 내 생각을 물어보지도 않습니다. 엄마는 바쁘지만 나는 바쁘지 않습니다. 천천히 이 세상을 알아가고 싶은 거지요.

아이에겐 지금 당장 눈에 들어오고 알고 싶은 것이 많은데 엄마는 그런 것들이 중요하지 않다고 생각합니다. 아주 단순한 문제 같지만 우리 아이만의 특별함을 찾아주려면 바로 아이가 보내고 있는 지금 현재의 시간을 잘 살펴봐야 합니다. 사소한 호기심에서 출발한 질문들로 과학자가 되기도 하고, 공학자가 되기도 합니다. 그리고 시인이 되기도 하고 소설가가 되기도 합니다. 아주 미미한 시작이라고 하는 출발점이 중요합니다. 세상의 과학자들은 어린아이들이 가지고 있는 호기심으로 연구합니다. 시인, 소설가들도 마찬가지겠지요.

어른이 된 부모의 시간에 맞추면 아이들과의 대화는 단절됩니다. 대화는 말 그대로 마주하고 이야기하는 것입니다. 우리말로 '주거니 받거니'가 되어야 한다는 것입니다. 어른들은 아이의 시기를 지나왔기 때문에 오히려 이해하기가 쉬울 것입니다. 하지만 아이들은 어른들의 사고를 따라잡을 수가 없습니다. 어른들의 빠른 시간적 사고는 많은 것을 단축시키고 싶어 합니다. 아이들에게 많은 것을 요구하게 된다는 것이지요. 따라서 엄마가 아이의 시간에 맞춰야 합니다.

시간의 상대성을 알고 아이들과 함께 하는 부모는 느린 시간을 즐길 수 있게 되고 자신다움을 찾을 수도 있을 것입니다. 아이의 시간은 고스란히 어른들에게도 영향을 줍니다. 어린 시절 이후 잃어버린 시간의 회복과 주변을 돌아볼 마음의 여유와 모든 것을 다르게 볼 수 있는 직관과 새로움까지 덤 이상으로 얻는 소중한 시간들입니다. 아이들은 시속 1km가 아닙니다. 아마 시속 30cm정도일 것입니다. 1시간에 30cm 안에 있는 것을 충분히 발견하고 충분히 이야기하기, 그 시간을 통해 새로운 것을 정말 많이 알게 될 것입니다. 아이들로부터 받는 이 느린 시간의 선물을 즐길 준비를 하시는 것이 어떨까요?

(책 제목을 가리키며) 어, 이 글자 어디서 본 듯하다.
무슨 글자지?

난 모르겠어. 엄마 고양이가 울어.

그래 고양이 울음소리가 들리네, 어디에서 울고 있을까?

옆집 고양이가 집을 나왔나 봐요.

그럴 수 있겠다. 집을 나온 거면 어떻게 하지?

옆집 아줌마한테 이야기해야 해요. 길을 잃을 수도 있어요.

그래, 고양이가 길을 잃을까봐 걱정이 되는구나.

근데 이제 고양이 울음소리가 안 들리네.

집에 들어갔나 봐요. 다행이다.

우리 고양이라는 글자 한번 배워볼까?

네.

이 책에 고양이라는 글자가 있나 먼저 한번 찾아 볼래?

제가 한번 찾아 볼게요.

어제 배운 글자를 기억하는 것이 중요한 게 아니라, 아이가 글자를 배우는 것이 중요하다면 아이가 지금 가진 관심사에 맞춰서 함께 준비해 나가면 아이는 금방 배울 수 있겠지요. 아이의 현재에 초점을 맞추고 1년 뒤 학교에 보낼 걱정은 미래에 그냥 두시는 게 좋답니다.

3장

03

왜 질문교육일까?

부모가 주고 싶은 사랑
vs 아이에게 필요한 사랑

내가 주고 싶은 사랑은 때로 폭력일 수 있습니다.
아이가 원하는 사랑에 귀를 기울여 보세요.

엄마, 책 읽어 주세요.

지금 바빠. 내일 읽어 줄게.

칫, 엄마는 맨날 바쁘대. 내가 해달라는 건 안 해줘.

엄마는 너 밥해 주고, 빨래해 주고, 어린이집 데려다 주고, 어린이집에서 데리고 오고, 예쁜 옷도 사주고, 토요일마다 캠핑도 가는데 뭘 안 해 줬다고 그러니? 너 하나 키우는데 얼마나 애쓰는데 아무것도 안 해준다고 그래?

부모는 자식을 위해 많은 배려와 희생을 한다고 생각합니다. 시간을 쪼개 아이를 돌보고, 경제적 부담에도 불구하고 아이들을 위한 투자를 멈추지 않습니다. 그런데도 아이들은 행복해 보이지가 않습니다.

우리가 하고 싶은 많은 것을 참으면서 아이들을 위해서 교육이든, 여행이든, 옷이든 아낌없이 지출하고 시간을 내는데도 불구하고 아이들은 자기들의 마음을 몰라준다며 화를 내고 투정을 부립니다.

참 아이러니가 아닐 수 없습니다. 아이들을 위해서 희생하는 시간이 많은데도 마음의 안정을 찾지 못하는 아이들이 많습니다. 저 역시 그런 아이들을 많이 상담하는 편입니다. 부모님을 만나보면 더없이 자상하고, 아이들을 위해 아낌없는 희생과 배려를 하고 있는데 정작 아이들은 불안감을 보이고, 인간관계에 어려움을 느끼며 집중력이 떨어지는 것을 보면 안타까울 때가 많습니다.

뭐가 문제일까요?

부모가 하고 싶은 사랑의 방식과 아이들에게 필요한 사랑이 다른 것이 문제입니다. 아이들이 원하는 것이 무엇인지, 아동에게 맞는 사랑의 방식과 내용은 어떤 것인지 연구할 필요가 있습니다. 그렇다고 모든 가정에 일률적으로 적용할 수 있는 것은 아닙니다. 아이들마다 기질과 성격이 다르고 부모의 기질과 성격도 다를 뿐만 아니라, 처한 환경도 다릅니다. 그러므로 책을 보고 바로 적용하기보다는 내 아이와 대화를 하면서 하나씩 해결해 가려는 자세가 필요합니다. 받는 것에 익숙한 아이들은 자신이 무엇을 원하는지를 잘 모릅니다. 원하기 전에 필요한 것들이 채워지기 때문에 무엇이 없는지, 무엇을 해야 하는지 도대체 알 수가 없습니다.

아이들이 아주 어릴 때는 아이들이 원하는 것을 하도록 기다려야 합니다. 돌이 되기 전 뒤집기 할 때도, 기어 다닐 때도, 일어설 때도, 걸음을 배울 때도 아이들은 자기가 원하는 것을 몇 개월이 걸리더라도 해내고야 맙니다. 그러다가 돌이 지나고 나서 부모와 언어로 소통이 가능할 때부터 부모들은 자신들이 원하는 것을 아이들에게 주기 시작합니다. 사회가 원하는 것을 아이들에게 해주는 것과 같은 맥락이겠지요. 그렇게 해야만 아이들이 잘 자라고 사회에 필요한 인재가 될 것 같기 때문일 것입니다.

부모나 아이 스스로가 원하는 것, 혹은 과거에 부모가 원했던 것을 부지런히 아이에게 줍니다. 그러다보니 아이들이 결핍이라는 것을 알 사이가 없습니다. 먹는 것도 입는 것도 최고로 해 주려고 애씁니다. 그런데 그것이 과연 누구를 위한 것일까요? 아이들을 위한 것이라고 하지만 실제는 어른들의 만족 때문이 아닐까요?

아이들이 부모에게 원하는 것은 무엇일까요?

아이들은 부모와 함께 따뜻한 햇볕을 이야기하고 싶을지 모릅니다.

제일 좋아하는 꽃에 대해 이야기하고 싶을지 모릅니다.

강아지와 토끼에 대한 이야기를 하고 싶을지 모릅니다.

어린이집에 새로 온 친구에 대한 이야기를 하고 싶을지 모릅니다.

하늘에 별이 어떻게 떠 있는지 알고 싶을지 모릅니다.

4차 산업혁명이 시작되는 이 시기에 필요한 능력은 유연성과 적응능력입니다. 기성세대가 자신들의 성공 경험으로 만들어 놓은 잘 닦아놓은 고속도로를 달리는 것 같은 스펙들은 큰 필요가 없어진 시대입니다. 시대의 요구를 읽어내고 어떤 시대, 상황이라도 적응하는 능력, 과거와 현재, 그리고 미래의 모든 산업들을 유연하게 연결하는 능력이 필요합니다. 그 시작은 아이들이 필요로 하는 것들을 알아주고 채워갈 수 있도록 도와주는 것이지요. 그래서 아이들이 어떤 상황에서도 스스로 이겨낼 수 있는 힘을 길러 주어야 합니다. 아이와의 대화를 통해 우리 아이에게 어떤 것이 필요한지, 무엇을 줘야 하는지 배워가야 합니다.

아이의 마음을 알게 하는 질문의 힘

아이의 눈높이에서 세상을 바라보세요.
아이의 눈높이에는 지혜와 창의가 있습니다.

스스로 필요한 것을 깨닫고 해 내는 사람으로 키우기 위해선, 부모가 주고 싶은 사랑이 아닌 아이에게 필요한 사랑이 중요하다고 말씀드렸습니다. 그러기 위해선 무엇보다 아이의 마음을 잘 알아야겠지요. 그렇다면 아이의 마음을 알 수 있는 방법은 무엇이 있을까요? 바로 질문입니다. 엄마의 독단적인 생각이나, 추론으로 판단하지 말고 아이의 눈높이에 맞춰 '질문'해야 합니다. 그래야 부모도 몰랐고 아이 자신도 몰랐던 아이의 마음을 알 수 있습니다.

달을 따 달라고 하는 공주 이야기를 기억하시나요. 원하는 모든 것을 가질 수 있었던 예쁘고 어린 공주는 하늘 높이 떠 있는 달을 따 달라고 부모님을 조르기 시작합니다. 달은 딸 수 없는 거라고 설득하기 위해 유명한 학자, 의원 등 모든 사람을 동원하지만 공주는 막무가내입니다. 급기야 공주는 달이 갖고 싶어서 병이 들고 맙니다. 하루하루 말라가는 공주를 위해 왕과 왕비는 공주의 소원을 들어줄 사람을 찾습니다. 어떻게 달을 따다 줄까요?

그때 공주와 친한 어릿광대가 나섰습니다. 광대는 질문을 합니다.

 공주님 달은 어떻게 생겼나요?

 달은 동그랗게 생겼지.

 공주님, 그러면 달은 얼마나 클까요?

 그것도 몰라? 달은 내 손톱만 하잖아, 한번 봐(달을 가리키며).

 그러면 공주님, 달을 따다가 무엇을 하시려고 하셔요?

 작고 예쁘니까 목에 걸고 다닐 거야.

광대는 공주에게 들은 이야기를 왕에게 아뢰었고, 이 이야기를 들은 왕은 기뻐하면서 손톱만한 금으로 만든 달로 목걸이를 만들어서 공주에게 선물했습니다.

질문을 해야 그 사람이 원하는 답이 나온답니다. 어른들은 자신의 생각대로 아이의 마음을 판단합니다. 공주가 생각하는 달은 어떤 것인지 진작 물어봤으면 될 걸 우리가 생각하는 달을 따다 달라고 한 것으로 생각을 했죠. 우리는 달을 따오는 것이 불가능하다고 못 박고 있습니다. 얼토당토않은 것을 사달라고 조르는 아이들에게도 난감해 하기보다는 왜 갖고 싶은지 천천히 물어보면 아이가 장난감을 갖고 싶은 진짜 이유를 알 수 있습니다.

달 목걸이를 만들어 주고 난 후 광대는 또 걱정이 됩니다. 보름달이 다시 떠오르면 공주가 걸고 있는 목걸이가 진짜 달이 아니라고 할까봐서요. 어른들의 사고로는 커튼을 쳐서 달을 가리거나 밤에 일찍 재우거나 해서 공주가 진짜 달을 볼 수 없도록 온갖 방법을 동원할 것입니다. 하지만 이것은 기우입니다. 현명한 광대는 다시 공주에게 물어봅니다. 혼자 답을 찾지 않지요.

 공주님, 달을 따다 드렸는데, 보름달이 또 떠오르면 어쩌죠?
 바보야. 그런 걱정을 왜 해? 이를 빼면 새 이가 나오잖아.
　　　　달도 하나를 빼오면 다시 달이 생기게 되어 있어.

여기서 광대의 역할은 매우 중요합니다. 광대는 유치한 역할을 맡고 있습니다. 어른들은 유치해 지면, 즉 유아스러워지면 안 된다고 생각합니다. 그래서 어른이라는 가면을 쓰고 있습니다. 유치함을 담당하는 광대는 아이들의 시선을 따라갈 수 있습니다. 시선을 따라가서 아는 척을 하는 것이 아니라 시선을 따라가면서 질문을 하면 됩니다.

달과 공주라는 동화는 교육이라는 단어의 의미를 가장 잘 알게 해주는 것 같습니다. 교육은 아이들에게 내재된 것을 끄집어 내는 것이라고 하지요. 어떤 어른들보다 현명한 어린 공주, 그 시선을 따라가는 광대의 질문, 즉 교육은 질문을 통해 아이들 스스로 자기가 원하는 것을 찾아가도록 하는 것입니다. 아이가 원하는 것이 무엇인지, 아이의 말의 의미가 무엇인지. 이것을 물어보는 것이 질문교육과 '개념코칭'의 기본입니다. 즉 대화의 기본이라고 할 수 있습니다.

이유 없이 행동하는 아이는 없다

아이에게 일어난 상황을 판단하지 않고
여유를 두고 질문을 하면 상처가 치유됩니다.

엄마로서 가장 난감할 때가 아이가 이유 없이 화를 내거나 두려워하거나 짜증을 낼 때입니다. 그런데 사실 이렇게 아이가 어떤 '감정'을 내보이는 경우는 반드시 원인이 존재합니다. 이유가 없지 않다는 말이죠. 아이의 감정을 이해하는 것도 질문과 대화를 통해 시작합니다.

〈겨울왕국〉에서 엘사는 여동생 안나와 얼음과 눈을 만드는 마법으로 재미있게 놉니다. 그러다가 엘사가 순간적으로 타이밍을 놓쳐 안나가 뛰어가는 걸 얼음기둥으로 받쳐주지 못해 안나가 다치게 됩니다. 그때 뛰어온 아빠와 엄마인 왕과 왕비는 자초지종을 묻지 않고 엘사를 나무랍니다.

"너 무슨 짓을 한 거니."

"마법 쓰지 말랬지."

왕과 왕비는 놀라서 겁에 질린 엘사를 버려두고 안나를 안고 뛰어갑니다. 만약 왕과 왕비가 엘사에게 어떤 일이 일어났는지 물어보았다면 엘사도 마음 따뜻한 마법의 여왕이 되었을 것입니다. 하지만 그랬다면 우리가 아는 멋진 겨울왕국 이야기는 탄생하지 않았겠지요.

〈겨울왕국〉의 내용을 자세히 들여다보면 부모의 말 한마디가 주는 위력을 알 수 있습니다. 강력한 마법을 가진 엘사는 어릴 적 동생 안나에게 상처를 입힌 트라우마로 외부와 격리된 채 살아갑니다. 그리고 안나를 다치게 한 자신의 마법을 두려워합니다. 사실은 마법을 두려워한 것이 아니라 그때 아버지의 말을 두려워한 것이겠지요. 두려움은 자신의 힘을 온전히 발휘하지 못하게 합니다. 여왕이 된 엘사는 결국 자신의 왕국을 꽁꽁 얼어붙게 하고는 깊은 산속에 얼음궁전을 만들어 스스로 갇히게 됩니다.

마음이 얼어붙은 엘사는 온 세상을 얼게 만듭니다. 실제 만화영화에서는 크게 부각되지 않았지만 갑작스런 이 행동으로 많은 백성들과 동물들, 초목이 얼어 죽었을 것입니다. 호수가 얼어붙어 물고기들도 많이 죽었겠지요.

아이들에게는 많은 일들이 일어납니다. 우리들에게도 마찬가지입니다. 기계가 아닌 인간은 감정을 가지고 있다는 것이 가장 큰 강점이지만 이 감정에 휘둘리면 올바른 판단을 하기 힘듭니다.

우리가 아이들을 엘사처럼 차가운 두려움에 빠지게 하지는 않고 있는 지요. 엘사의 아빠인 왕은 작은 딸이 크게 다쳤다는 것과, 큰딸 엘사가 더 큰 피해를 남들에게 주지 않을까, 걱정과 두려움에 빠져서 당시 어떤 일이 일어났는지, 그와 더불어 큰딸도 같이 두려워하고 있다는 것을 알지 못했습니다.

아이들이 만나는 모든 일은 실제이기도 하지만 연습하는 과정이기도 합니다. 작은 일들을 겪으면서 세상의 큰일들을 준비하는 시간입니다. 그런데 우리는 지나치게 확대해서 걱정합니다. 감정에 조정당하면 아이들이 보이지 않습니다. 우리가 일어난 일에 비해 지나치게 크게 확대해서 생각하는 것도 감정을 통해서 보기 때문입니다. 감정에 지배당하지 않으려면 물어보면 됩니다.

"어떤 일이 있었던 걸까?"

그러면 아이의 상황과 아이가 느끼는 감정을 들을 수 있을 것입니다. 그냥 어떤 일들이 일어났을 뿐입니다. 그게 일상입니다. 엘사의 이야기를 한번 바꿔보겠습니다.

엘사야, 네가 소리를 질러서 엄마 아빠가 달려왔어. 무슨 일이 있었던 거니?

저, 저, 안나가!

안나가 쓰러졌구나. 저런, 엘사 넌 괜찮니? 아빠가 안나를 안고 의사선생님께 갈테니 너는 엄마와 있어.

엘사, 많이 놀랐구나(한참을 안아주면서). 안나는 괜찮을거야. 엘사, 이제 좀 괜찮아졌니?

네. 안나는 괜찮을까요?

그래, 아빠가 의사선생님께 안나 데리고 가셨으니까 괜찮아.

진짜죠. 엉엉.

안나가 잘못될까봐 겁이 났구나, 우리 딸. 괜찮아, 괜찮아. 이 제 안나에게 가면서 무슨 일이 일어났던 건지 이야기해 줄래?

네, 사실은요(이야기를 한다).

안나와 놀면서 개구장이 안나를 재미있게 해주려고 언니가 마법을 썼구나. 안나는 기분이 좋았겠네. 근데 안나가 더 빠르게 움직여서 엘사가 어떻게 할 수가 없었구나. 안나가 떨어졌고 그래서 엄마, 아빠를 불렀고. 엄마, 아빠를 빨리 부른 건 정말 잘했다. 엘사야.

안나가 잘못될까봐 무섭고 겁이 났어요.

그래, 엘사야 정말 겁이 났을 것 같다. 근데 언니가 사랑하는 마음으로 안나를 놀게 해줬으니까 안나는 괜찮을거야. 그치?

네. 안나가 괜찮았으면 좋겠어요.

엘사를 진정시키고 나서 엘사와 이야기를 하면서 엄마인 왕비는 엘사가 하는 이야기의 핵심을 찾아주어야 합니다. 엘사가 너무 겁이 나 있다는 것, 동생 안나를 즐겁게 해주려고 했다는 것, 그리고 엘사도 행복하게 놀았다는 것, 그리고 엄마, 아빠를 빨리 잘 불렀다는 것. 이 정도를 빨리 발견해 주어야 합니다.

마법을 쓰는 문제는 추후 안나가 회복되고 나서 천천히 이야기를 해도 되는 문제입니다. 그런데 우리는 흔히 왕처럼 말부터 내뱉고 맙니다.

"무슨 짓을 한 거니? 다시는 이런 짓 하지 말랬지!"

부모의 이런 성급한 말들은 죄책감이라는 쓸데없는 감정의 웅덩이를 아이들 마음속에 만들어 줍니다. 아마 우리들의 마음속에도 이런 죄책감의 웅덩이가 있을지 모릅니다. 어떤 일이 일어난다고 하는 것은 해결법도 있다는 의미가 포함되어 있습니다. 아이들이 문제를 해결하고 작은 경험을 통해 더 현명해 지는 법을 배울 때라고 생각해 보면, 아무 일 없는 것보다 훨씬 살아가는 데 도움이 될 것입니다.

영화에서 결국 엘사의 마음을 녹인 것은 안나의 절대적인 믿음입니다. 어떤 조건도 없는 언니에 대한 사랑과 믿음, 그것이 바로 답입니다. 맨 처음 부모였던 왕과 왕비가 보여줬어야 할 태도겠지요. 엘사가 어두운 방에 갇혀 살 때 부모는 그 절대적인 믿음을 보여주지 않았으리라 생각합니다. 그런 의미에서 〈겨울왕국〉은 매우 슬픈 영화입니다. 엄마와 아빠의 사랑에서 외면 당한 엘사의 고독과 두려움이 잘 그려진 이야기입니다. 우리는 집에서 그런 슬픈 영화를 만들고 있지는 않은지요?

최고의 경청은 잘 질문하는 것

듣는 척이 아니라, 실제로 잘 들어야 합니다.
아이의 이야기를 따라가면서 물어보는 것입니다.

듣기가 중요하다는 것은 모두가 알고 있습니다. 질문을 잘 하려면 상대방의 말을 잘 들어야지요. 그런데 중요하다는 것만 알고 있을 뿐 '듣는 방법'에 대해서는 잘 모르는 듯합니다. 아이들에게 화가 나는 이유 중 하나가 부모의 말을 잘 듣지 않는다는 것입니다. 먼저 '잘 듣지 않는다'는 말이 어떤 의미인지 한번 풀어보겠습니다.

잘 듣는다는 건 두 가지 의미가 있습니다. 말 그대로 누군가의 말을 주의 깊게 듣는다는 것과, 상대방의 말에 잘 따른다는 뜻이 있지요. 어느 쪽으로든지 아이가 부모의 말을 잘 듣지 않는 가장 큰 이유는 '아이가 알아듣지 못하는 말'을 했기 때문입니다. 반대로 부모가 아이의 이야기를 잘 알아듣지 못했다는 의미도 됩니다. 동시에 아이와 부모 모두 '잘 듣는 방법'에 대해 모르고 있다는 뜻이기도 합니다.

아이들은 시키는 대로 하지 않거나, 하기로 해놓고 약속을 지키지 않는 경우가 많습니다. 일단 외관상으로 보았을 때 아이가 엄마 말을 알아듣지 못하거나, 엄마가 아이의 말을 이해할 수 없는 경우는 거의 없습니다. 문제는 역시 아이와 엄마가 사용하고 이해하는 단어의 '개념' 차이입니다. 질문교육에 개념코칭이 중요한 이유지요.

> 너 왜 엄마 말 안 듣니? 동생 잘 돌봐주라고 했지? 장난감 가지고 놀았으면 정리하라고 했어, 안했어? 물 마실 때 흘리지 말라고 했지?
>
> '나 지금 엄마 말 잘 듣고 있는데?, 엄마가 화 났나봐.'

그래서 아이들에게 말할 때는 아이의 기준에서 단어를 말해야 합니다. '말 좀 들어' 대신 '시키는 대로 하지 않는다'로 말입니다. 한국어는 포괄적이어서 하나의 말에 여러 가지 의미가 포함되어 있습니다. 상황에 맞게 듣는 사람이 잘 알아들어야 하고, 또한 말하는 사람의 의중을 파악해서 행동해야 합니다. 이것이 엄마와 아이의 대화를 방해하는 가장 큰 요소입니다. 우리나라의 대화는 통찰을 필요로 하는데, 방법을 가르쳐주지는 않고 통찰해야 한다는 결과만 강요하는 것입니다.

여기서 우리가 얻을 수 있는 중요한 교훈이 있습니다. 말을 잘 들으려는 것은 상대방의 뜻을 제대로 이해하기 위해서인데, 이를 위해선 내가 궁금한 점, 상대에게 듣고 싶은 말이 무엇인지 정확하게 표현할 수 있도록 잘 질문해야 한다는 것이지요. 서로가 가지고 있는 개념의 차이를 조정해 나가는 과정이기도 합니다. 다음의 예는 개념코칭을 받은 어머니가 훌륭하게 과제를 수행하면서 아이의 말을 잘 알아듣고, 아이도 엄마 말을 잘 알아듣고 이해하기가 잘 되고 있는 예를 보여드리겠습니다. '질문으로 잘 듣기'입니다.

오늘 저녁에 있었던 이야기입니다. 6살 딸 서영이의 친구 동생이 백일이라 백설기 떡을 받았습니다. 어린이집에서 돌아온 후 서영이가 "엄마, 저 이 떡 먹어도 돼요?" 하길래 저는 이렇게 대답을 해줬어요.
"서영아, 조금 있다가 저녁 먹을건데 밥을 잘 먹을 수 있으면 먹어도 좋아." "네. 잘 먹을 수 있어요."
잠시 후 저녁 먹는 시간이 되었습니다. 어김없이 서영이만 밥이 줄지 않았습니다. 배도 불렀고, 좋아하지 않는 카레였고, 싫어하는 당근도 있었기에 늘 하던 대로 밥을 먹다 말았습니다. 서영이가 이렇게 말했습니다.

👧 엄마, 세 번 먹고 그만 먹을래요.

👩 그래? 그런데 서영아 다른 날이면 그래도 되는데 오늘은 엄마랑 약속한 게 있으니 다 먹어야 해.

👧 에! 엄마 저는 다 먹는다는 약속은 안 했어요.

👩 그래? 그럼 뭐라고 약속했는데?

👧 잘 먹는다고 약속했어요.

그렇구나. 그런데 서영아 엄마는 잘 먹는다는 것이 다 먹는다는 거였는데, 네가 생각하는 잘 먹는다는 건 뭐였을까?

먹고 싶은 만큼 먹는 거요

그렇구나! 처음부터 엄마가 약속을 잘못한 거였네 그럼 네 말이 맞다. 세 번 먹고 그만 먹어도 좋아!

아이의 생각이 어떤지 물어보지 않고 엄마의 머릿속에 있는 생각습관으로 말을 했다면 이 날 저녁 식탁에서의 서영이는 약속을 지키지 않고 엄마 말을 듣지 않는 아이가 되었을지 모릅니다. 하지만 아이들은 경험한 만큼 자신들의 생각대로 말을 하고 그렇게 행동을 하고 있습니다. 이 잘 듣기가 되지 않으면 아이들은 답답하고 억울해 하다 급기야 부모의 어떤 말도 한 귀로 듣고 한 귀로 흘리는 습관이 고정화되기 쉽습니다. 이렇게 한 번만으로 끝나면 잘 듣기는 시도로 끝나고 맙니다. 엄마도 잘 듣고, 아이도 잘 듣는 방법에 대한 코칭이 들어가야 합니다. 이 어머니는 정말 좋은 사례로서 다른 질문 개념코칭의 예를 보내주셨습니다.

오늘도 역시 같은 상황이었습니다. 어린이집에서 돌아온 후 "바나나 먹을래요" 하길래 "저녁 준비 다 됐는데 밥 다 먹을 수 있으면 먹어도 좋아"라고 했습니다. 그리고 제가 생각하는 구체적인 개념을 말해 주었습니다.

"오늘은 잘 먹는 거 아니고 다 먹는 거야."

그랬더니 "네"라고 동의했고 바나나를 한 개 먹었습니다. 그리고 후에 저녁밥을 퍼주고는 "먹을 수 있는 만큼 덜어서 먹고 서영이가 정한만큼은 다 먹는 거야"라고 말했어요. 아이가 잘 알아듣고 실천할 수 있도록 주도권을 넘겨줬죠. 그랬더니 한 숟가락 덜더군요. 먹다보니 맛있다며 "밥 더 주세요" 해서 더 먹고 식사시간을 마무리했습니다.

어떤가요? 혼내기 위해서 '어떻게 하나 두고보자'가 아니라 실천해 갈 수 있도록 도와주는 부모여야 합니다.

이런 일은 한 번으로 끝이 나는 것이 아니라 일상에서 지속되어야 합니다. 말 습관은 어른부터 바꾸어야 합니다. 잘 듣기가 되면 자연적으로 잘 말하기가 됩니다. 잘 듣기와 잘 말하기는 짝을 이루고 있습니다. 따로따로가 아닙니다. 지금 우리사회는 지나치다 싶을 정도로 경청을 강조하며, 경청의 방법에 대해서는 눈을 마주치고, 가끔 추임새를 넣어주고 혹은 공감을 잘 하는 걸 방법으로 권유합니다. 저는 공감보다는 잘 질문해 주기를 추천합니다. 어떤 생각인지, 어떤 마음인지 잘 질문하기. 말하는 사람과 같은 경험이 있다면 공감이 될 것이고, 같은 경험이 없다면 이해하는 쪽으로 가야 합니다. 모든 상황이나 감정을 공감해 주기를 우선한다면 결국 공감이라고 하는 틀 때문에 실제 어떤 일이 일어났는지. 말하는 사람이 정말 해결하고 싶거나, 알아주기를 원하는 것이 정확하게 무엇인지를 모를 수 있습니다.

마지막으로 이 가족의 이야기를 한 번 더 들려드리겠습니다.

어제 엄마인 저 없이 하루를 보내야 하는 6살 서영이와 4살 서원이 두 딸에게 남편이 "오늘은 아빠랑 셋이 소풍을 갈 거야"라고 했습니다. 두 딸은 신나는 아침을 맞이한 것이죠. 남편은 김밥과 돗자리를 준비해서 도음산을 다녀왔습니다. 도음산에서 하루 종일 신나게 뛰어놀고 집에 도착한 서영이가 도착하자마자 아빠에게 이렇게 말했습니다.

"아빠, 그런데 아까 소풍 간다고 했는데 소풍은 언제 가?"

서영 아빠와 저는 순간 서로를 쳐다보고 빵 터지며 웃었습니다. 아마 개념코칭을 받지 않았다면 당황했을 테지요. 아이가 생각하는 소풍이 무엇인지 물어볼 때라고 생각했습니다. 숲 유치원에 다니는 서영이는 산이 일상이어서 소풍이라고 생각하지 않았나 봅니다. 소풍의 개념부터 정리하고 출발했어야 했네요.

어제 처음으로 6살 딸아이의 소풍의 개념을 알게 되었습니다.

"서영아. 그럼 네가 생각하는 소풍은 뭔데?"

"산이 아닌 곳에 가는 거!"

그 대화를 시작으로 아빠, 엄마도 서로 다른 소풍을 생각하고 있다는 걸 알게 되었습니다. 이제는 일상에서 질문하고 이야기하는 것이 더 자연스러워졌고 말을 하는 것이 쉽지는 않지만 연습을 거듭해야 한다는 것도 알게 되었습니다.

칭찬에 춤추는 고래로 키우지 않기

남과 비교하는 칭찬은 스스로 춤을 출 수 있는 힘을 빼앗습니다.
자신만의 멋진 춤을 완성하도록 도와주세요.

교육 중 한 어머니가 질문을 했습니다.

6살 된 딸이 발레를 배우고 있습니다. 지금은 정말 재미있게 배우고
있는데 아이가 슬럼프에 빠지면 그때는 어떻게 해야 할까요?

저는 슬럼프에 빠질 수 있다는 것이 정확히 어떤 상황인지 다시 질문
했습니다. 지금 아이가 다니는 학원에 발레를 가장 잘하는 5학년 학생이
갑자기 학원을 안 나온다는 것이었습니다. 그 아이는 몸매부터 시작해서
실력도 아주 뛰어났습니다. 그런데 갑자기 학원에 안 나오니, 어느 날 자
신의 어린 딸도 직면할 수 있는 문제라는 생각에 걱정이 된다고 했습니
다. 그리고 5학년이 된 그 아이가 왜 학원에 안 나올까 궁금하다는 질문
도 했습니다.

미래의 일을 미리부터 너무 걱정할 필요는 없지만, 대비하고 준비하는 것은 바람직한 일이겠지요. 5학년인 그 아이에 대해 물어봤습니다. 학원의 마스코트였고 항상 자랑거리였다고 했습니다. 그런데 그동안 학원에서 2등이었던 아이가 서서히 실력을 인정받기 시작했고, 서울의 큰 대회에 나가면서는 쟁쟁한 대도시의 아이들에게 위축이 좀 되었을 거라고 했습니다.

어릴 때 잘한다고 모든 사람들에게 인정 받고 칭찬만 받던 아이들은 점점 자라면서 자기보다 더 잘하는 사람들이 있는 곳이나, 나보다 더 못한다고 생각했던 아이들이 인정을 받기 시작하면 감정적으로 감당하지 못하는 경우가 많습니다. 남들보다 잘하고, 남들보다 예쁘고, 남들보다 착하다. 이런 말에는 비교 기준이 남이란 것이 전제되어 있습니다. 이런 칭찬에 익숙해 져서는 큰물에서 놀기 힘듭니다.

유아 때에는 남들보다, 라고 하더라도 고작해야 주변에 있는 소수 아이들과의 비교입니다. 학원에서 잘 한다고 하더라도 그 학원 안의 몇 안 되는 아이들 중입니다. 남들과 비교하거나 학원의 마스코트처럼 내세우는 칭찬 방식은 바람직하지 않습니다. 이런 칭찬은 처음에는 고래를 춤추게 할 수도 있겠지만, 지속해서 춤을 추게 하는 지는 의문입니다.

처음에는 칭찬에 춤을 추다 얼마 못가 잘 못한다는 사실을 깨닫거나 본인보다 훨씬 뛰어난 사람이 있단 걸 알게 되면, 다시는 춤뿐만이 아니라 일어서지도 못하게 되는 것이 보상형 칭찬의 폐해입니다. 어릴 때 지나치게 잦은 칭찬 보상은 내면으로부터 우러나오는 끈기를 키워주기에

역부족입니다. 5학년 아이는 아마 슬럼프에 빠진 것이 아니라 칭찬기법이 효력을 더 이상 발생할 수 없는 상황에 이르렀을 것입니다.

만약 그 5학년 아이를 만나서 이렇게 질문하면서 이야기해 본다면 어른들이나 주변의 칭찬 때문이 아닌 자신만의 무엇인가를 발견할지 모릅니다. 계속하도록 설득하는 것이 아닌 아이의 마음을 알아보는 것이 중요합니다.

발레가 좋은지?
좋았다면 무엇이 좋았는지?
발레를 해서 가장 행복했던 순간은 언제였는지?
발레는 이 아이에게 어떤 의미인지?

5학년 아이도 5학년까지 힘든 발레를 해 왔다면 그 아이만의 힘과 끼가 충분히 있을 것입니다. 아이가 특별히 좋아하는 활동이 있다면, 잘한다고 무작정 칭찬하는 것이 아니라 근본적으로 아이가 그 활동을 통해 어떤 감정과 생각을 느끼는지 깨달을 수 있도록 질문을 던져줘야 하는 것이 부모의 역할입니다. 누구의 칭찬 때문이 아닌 자신이 얼마나 발레를 사랑하고 있는지를 찾아 볼 수 있도록 도와주면 되겠지요. 결국 모든 일들은 남들과 비교하는 것이 아닌 자신과의 싸움이라는 것, 자기가 앞으로 나아가는 데는 남들과 비교하는 것이 아닌 어제의 나와 오늘의 나를 비교해 나가는 것이라는 것을 5학년인 아이가 배울 때라고 생각합니다. 그러면 이 아이가 한 단계 성장하는 계기가 될 수 있을 것입니다. 이상은 크게, 현실은 어제의 나를 오늘 이겨내는 것. 그런 성취감이 아이들에게는 동력이 되고 앞으로 더 나아갈 수 있는 기쁨의 에너지가 될 것입니다.

이런 질문을 해 온 어머니와 한참 이야기를 하는데 이런 말씀을 해 주셨습니다. 당연히 어린 딸이 발레가 재미있어서 간다고 생각하고 있는 터라 무심히 "너 발레 하는 거 재미있지?"라고 물어보았다고 합니다. 그랬더니 이 6살 어린 친구가 "엄마, 재미있기만 한 줄 알아? 얼마나 힘든데……."라고 말해 더 이상 말을 잇지 못했다고 했습니다. 사실 이 대화가 '질문'으로 이어졌다면 엄마는 어린 딸에게서 더 큰 것을 발견해 주었을 것입니다. 그래서 다시 대화를 하는 시간을 갖는 것이 좋겠다고 말씀드렸죠.

와, 발레 하는 거, 많이 힘들었구나. 맞아, 너 처음 배울 때도 힘들어 했어.

그랬지. 그때도 힘들었고, 지금도 힘들어.

재미있지는 않고?

재미있으니까 학원에 가지요.

힘들기도 하고 재미있기도 하구나. 근데 많이 힘들다고 하면서 어째서 너는 힘들다는 말도 하지 않고 학원에 다니는 걸까? 엄마가 꽤 궁금해지네?

아이의 답이 궁금하지 않습니까? 6살짜리 아이가 어렵고 힘이 드는데도 불구하고 발레리나가 되겠다고 학원에 빠지지 않고 나가는 이유가요. 이런 이야기로 아이들을 발견해 주는 것입니다. 누구의 칭찬이 아닌 자신의 힘으로 하루를 이겨내는 이 어린아이의 힘이 느껴지지 않나요?

아이의 생각을 듣지 않고 칭찬한답시고 "야! 너 힘드는데도 불구하고 학원 잘 다니니까 대단하다, 멋지다!"라고 먼저 말해 버리면 안 됩니다. 지레짐작으로 영혼 없는 칭찬, 그리고 자신이 생각했을 때 대단하다고 생각하는 부분을 먼저 칭찬을 하면 아이의 생각을 절대 읽을 수가 없습니다. 아이의 이야기를 들으세요.

이 어머니가 딸과의 대화를 시도해서 아이의 생각을 듣게 된다면 이 이야기는 기록을 해 두면 좋습니다. 머리와 마음에도요. 나중에 아이가 힘들어 할 때 6살 어린 딸의 이야기를 들려주는 겁니다. 어린 네가 그렇게 해 내더라. 그러면 깜짝 놀랄 것입니다. 5학년의 눈으로 보면 6살 아이는 매우 어리다고 생각을 하거든요. 6살의 자신이 그렇게 대견하게 스스로를 이겨냈던 것을 떠올리게 된다면 평생 자신을 지켜나가는 힘이 될 것입니다.

자신이 자신을 지키는 힘!

그런 추억을 우리는 많이 만들어가야 합니다. 아이들이 가진 것을 발견해서 스스로 끄집어 내도록 도와주는 것입니다.

칭찬에 춤추는 고래가 되어서는 안 된다. 고래가 아닌 인간이기 때문에 자신을 힘을 스스로 발견해 갈 수 있는 교육이 필요합니다.

4장

04

질문교육에 날개를 달아주는 개념코칭

매사에 의미 있는 질문을 해야 할까?

물음과 마주하고, 물음과 친해지고, 물음과 하나되는 연습을 하면
질문이 자연스럽게 됩니다.

아이와 부모 사이에는 사용하는 언어의 개념 차이가 존재한다고 말씀
드렸습니다. 같은 단어를 쓰더라도 생각하는 의미가 서로 다르다면 소통
하기 힘들겠지요. 질문교육에 있어서 개념코칭이 중요한 이유입니다.

그런데 이 교육을 하면서 '매사에 의미를 담고 아이들에게 질문해야
하지 않을까요?'라는 질문을 많이 받았습니다. 그래서인지 아예 시도조
차 못하는 분들도 많았지요. 모든 일에 의도를 가지고 살아가면 과부하
에 걸리지 않을까 싶습니다. 질문은 일상 속에서 자연스럽게 나오는 것
이 좋습니다. 처음에는 연습을 위해 좀 의도적일 수 있지만 점차 편하게,
친숙하게 질문해야 합니다. 질문을 '가지고 논다'는 표현이 좀 더 나을까
요? 앞서 말하기 연습을 자전거타기에 비유했습니다. 처음 배울 때는 좌
충우돌이지만 막상 익숙해 지면 시원한 바람을 맞으면서 강변을 달릴 수
도 있고, 운동도 하고, 좋아하는 사람과 함께 타며 즐길 수도 있습니다.

그때까지만 조금 연습을 한다고 생각하시면 됩니다.

어린아이들에게 의도적인 질문을 하면 아이들이 힘들어 합니다. 질문과 아이들이 친해져야 하는데 질문을 가르치기 위해, 혹은 특별한 생각을 끌어내려는 어른들의 의도는 아이들을 질문으로부터 도망가게 합니다. 매사에 의미 있는 질문을 하기 위해 의도를 가지거나, 심각하게 생각을 하면 서로 스트레스가 이만저만이 아니겠지요.

엄마가 아이의 생각을 진짜 궁금해 했으면 좋겠습니다. 질문을 통한 성과에 집중하기보다 아이의 생각을 발견해 나간다는 태도가 중요합니다. 또 어른의 탈을 벗고 세상을 처음 대하는 자세로 호기심과 경외감을 가지고 자연과 사물을 관찰하면 자연스럽게 감탄이, 그리고 질문이 나올 수밖에 없습니다. 질문과 친해지는 것은 세상과 친해지는 것과 같습니다.

막연하게 질문하기보다 다음 세 가지 순서를 권합니다. 순서를 바꾸어도 상관없지만 관찰과 생각이 깊어지기 전까진 내용을 파악하는 질문을 우선하면 좋습니다. 언제나 기본기를 잘 익혀야 자유자재로 응용이 쉽잖아요. 좋은 질문을 만들기 위해 처음부터 애쓰지 않아도 된다는 말입니다.

물음과 마주하기

처음 사물, 자연, 현상, 사람, 책 등을 마주했을 때 순식간에 떠오르는 질문들을 찾아봅니다. 혹은 가장 먼저 눈에 보이는 것들, 키워드 등을 찾아서 적어봅니다. 질문도 생각입니다. 전광석화처럼 스치는 생각은 직관의 힘입니다. 하나도 놓치지 않고 붙들어 두는 습관이 좋습니다. 이 교육을 하면서 저도 '참 너무 모르고 산다'는 생각이 들면서 우리가 얼마나 아무 것도 모르고 있는가를 직면하는 시간을 많이 갖습니다. 어쩌면 교육을 받는 입장에서 당혹스러울 수 있습니다. 모르는 것이 잘못이 아니라는 것을 말씀드리고 싶은 것이 첫째고요. 두 번째는 그 모르는 것에 대해 물음을 가져보자는 것입니다. 예를 들어 보겠습니다.

장미의 이름은 왜 장미일까?

새들은 어떻게 날아다닐까?

개미는 왜 까만색일까?

개미가 개만큼 커진다면?

거미는 집을 짓는 것을 누구에게 배운 걸까?

나뭇잎은 왜 초록색일까?

해바라기와 나팔꽃은 왜 다른 모습일까?

채송화 씨앗의 크기를 어떻게 잴 수 있을까?

도라지꽃은 왜 보라색과 흰색 두 가지일까?

토끼는 자기가 토끼라고 불리는 줄 알고 있을까?

거북이 이름은 누가 지었을까?

인간들이 마음대로 자연물에 이름을 붙이는 것이 마땅한 일일까?

저 아이는 어떻게 나의 아이로 내게 왔을까?

이런 질문에 금방 답할 수 있을까요? 한참을 생각해도 답을 말하기는 어렵지요. 너무나 자연스럽게 당연하다고 보았던 것인데 이는 남들이 만들어 놓은 언어체계를 받아들였을 뿐입니다. 눈에 들어오는 모든 것에서 경이감을 느껴보세요. 그 경이감을 아이들은 호기심이라는 체계로 늘 받아들이고 있습니다. 우리의 경이와 아이들의 호기심이 만나는 순간 자연스럽게 질문이 터져 나올 것입니다.

문제해결을 위한 질문이 아닌 세상을 배워 나가는 질문에는 이렇게 물음과 마주하는 자세가 필요합니다.

물음과 친해지기

물음과 마주하는 자세는 경이 그 자체입니다. 물음과 마주하기가 아이를 가르치기 위한 질문이 아닌 세상과 마주하는 자세라면, 물음과 친해지는 것은 인류가 그동안 물음과 마주하면서 찾아낸 지식들과 친해지는 과정입니다. 나는 물음을 가지지 않았지만 앞선 사람이나 동시대에 사는 사람들이 가졌던 의문으로 밝혀낸 사실이나, 가설들을 다시 살펴보고 찾아보면서 나의 물음과 비교도 하는 것입니다. 다른 사람의 어떤 물음이 무엇을 찾아내고 인류에게 어떤 영향을 미치고 있는지, 또 부정적이라면 그 이유는 무엇인지 깊이 찾아보는 과정입니다.

다른 사람들의 생각을 아는 것이 왜 중요할까, 라는 의문을 제기할 수도 있습니다. 그러나 앞선 사람들의 물음이 만들어 놓은 세상이 바로 지금 내가 시간과 공간의 한 점을 찍으면서 있는 현재입니다. 아무 질문도,

그로 인한 생각이 없으면 다른 사람들이 만들어 놓은, 지금까지 인류가 축적하고 개발한 것들, 보이지 않는 제도, 관습, 문화, 문명 등에 단순 소비자로만 살게 됩니다. 그러한 것에 대한 감사하는 마음도 없을 것이고, 감사하는 마음이 없으면 나란 존재에 대해서 주체적인 판단과 선택을 하기 어렵습니다. 주위에서 만들어 준 기회에 그냥 살아가고만 있을 수도 있습니다. 나를 내가 만들어 가는 주체적인 존재로서 세상의 일부분이 되어야 합니다.

물음과 친해지는 단계는 우리가 지식을 배우는 단계입니다. 수동적으로 암기하는 지식습득에서 능동적으로 비판하면서 책이나 사회적 현상, 혹은 자연현상까지 다른 사람의 시각을 배우고 또 다른 나의 시각으로 바라볼 수 있도록 하는 과정입니다. 친해진다고 하는 의미는 수용과 비판을 함께 할 수 있도록 하는 과정을 의미합니다.

물음과 하나되기

물음과 하나가 된다는 것은 물음과 마주하고 물음과 친해지면서 습득하고 새롭게 발견한 것들을 '자기만의 것'으로 만들어 가는 과정입니다. 스티브 잡스가 이야기한 것처럼 'Think Different.' 다르게 생각하기가 아닌 다른 것을 남겨야 한다는 것을 말합니다. 나의 물음과 하나가 된다면 지금까지 당연하게 보았던 것들이 전부 물음표를 달고 있을 것입니다. 그에 대한 답을 찾아가는 과정 혹은 말로 표현하는 것, 글로 적는 것, 행동하는 것들이 새로운 흔적을 남길 것입니다. 자신만의 빛깔과 향기를 가진 고유한 존재로 살아있을 것입니다. 우리가 아이들에게 원하는 것은 이런 아이들만의 고유한 모습을 찾아가는 것이 아닌가 합니다.

지금까지는 이 고유한 모습을 찾아주기 위해 학원을 보내고, 어린이집이나 유치원을 보내고 또 좋은 대학에 가길 원한 것이 아닐까요? 그렇게 한다면 이 아이만의 장점 혹은 강점을 찾아갈 수 있다는 믿음이 강했기 때문이지 단순히 출세나 물질적인 행복만을 원했던 것은 아니었을 것입니다. 아이의 잠재력을 계발시키기 위해 부모가 들인 공이라고 저는 보고 있습니다. 다만 그 길을 위해 투자했을 때 투자대비 효율이 적거나 오히려 마이너스가 되는 경우가 너무 많습니다. 그래서 더 좋은 방법을 찾고자 고군분투하는 것이 아닐까요.

어릴 때 투자를 제대로 안 해서 그런가, 하는 불안감을 가지면 객관적인 눈을 가지기 어렵습니다. 투자한 이상의 멀티플라이어, 즉 몇십 제곱의 효과를 보는 것, 그것은 바로 물음과 하나되는 방법을 아이들에게 가르치는 것입니다. 여기서 가르친다고 하는 것은 일방적인 주입식이 아닙니다. 물음과 하나되는 것은 말로도, 글로도 가르치기 어렵습니다. 보여주어야 합니다.

물음과 하나되는 방법을 어른이라고 이름 붙여진 우리가 한번 즐겨보는 것입니다. 물음과 마주하고, 물음과 친해지고, 물음과 하나되는 과정을 터득해 보는 것입니다. 이때 어른이라는 이름표를 떼어버리고 '지금부터 한 살이다'라는 마음을 먹어 보는 것도 좋겠네요. 나의 자녀들이 나에게 준 선물, 시간입니다. 어린아이의 눈으로 세상을 바라볼 수 있도록 한 그 시간. 아이의 눈으로 세상 바라보기를 해 보는 것입니다. 어린아이일 때에는 물음과 마주하고, 물음과 하나되는 것이 순식간입니다. 물음과 친해질 사이도 없이 바로 물음과 하나가 됩니다.

그동안 우리가 아이들에게 강요했던 것은 세상이 축적해 놓은 지식을 강제 주입하는데 목적이 있었다고 해도 과언이 아닙니다. 물음과 하나가 된 아이들을 우리는 물음과 분리해서 이미 만들어진 세상에 익숙해지도록 강요했던 것이죠.

아이들과 물음과 친해지고 물음과 하나 된 아이의 눈으로 물음과 친해지기를 해 보세요. 그러면 기존에 내가 알던 것들이 새로운 빛을 내면서 다가 올 것입니다. 그렇게 아이들과 함께 한다면 아이들은 신으로부터 받은 선물인 물음과 마주하는 것도 즐길 수 있고, 물음과 친해지는 것에도 거리낌이 없을 것이며, 물음과 하나가 되어 새로운 세상을 열어가는 것에 행복함을 느낄 수 있을 것입니다.

열과 에너지에 대한 개념: 불은 왜 뜨거울까?

불은 우리에게 도움을 주기도 하고, 위험하기도 합니다.
에너지라는 개념을 확장시켜서 배울 수 있는 기회입니다.

가장 좋은 교육은 일상생활에서 자연스럽게, 마치 놀이처럼 이뤄지는 교육입니다. 개념코칭을 통한 질문교육의 장점은 아이들이 꼭 알아야 할 지식이나 개념도 일상 속에서 익힐 수 있다는 것입니다. 몇 가지 개념코칭의 사례를 살펴볼 텐데 우선 '에너지'에 대한 개념코칭을 살펴보겠습니다.

조심해, 불. 뜨겁잖아.

응? 엄마 불이 뜨거워?

그래, 불이 뜨거워서 불에 데면 화상을 입는단다.

그럼 불은 왜 뜨거워?

아이의 이런 질문은 엄마를 당황하게 합니다. 벌써 서로의 관점이 다른 것이 보이시지요? 엄마의 말에는 '뜨겁다'는 개념보다는 '위험하다'는 개념이 더 많이 포함되어 있습니다. 위험하니까 손대지 말라는 소리를 하고 있는데 아이는 왜 뜨거운지를 묻습니다. 이럴 땐 위험하다는 개념보다 '뜨겁다'에 대해 먼저 대화를 나누는 게 좋습니다. 아이가 질문을 하기 전에는 위험이라는 개념을 먼저 가르쳐야 하고, 아이가 뜨겁다는 것에 관심을 가지면 뜨거움에 대한 개념으로 접근해야 합니다. 먼저 말로 표현하기 전에 주변에서 뜨겁다를 알 수 있는 모든 상황을 찾아서 이야기하도록 합니다. 말로 설명하고 끝내지 말고 아이가 스스로 찾아보도록 하면, 무엇 하나 대충 넘어가지 않고 자세히 관찰하는 태도를 기르도록 도와줄 수 있습니다. 그리고 온도에 대한 개념도 함께 알려줍니다. 이것이 바로 '물음과 마주하기'에 해당합니다.

불은 왜 뜨거울까요?

그러게, 우리는 불을 뜨겁다고 말로 표현을 하는구나. 왜 뜨겁다고 했을까? 그럼 먼저 언제 우리가 뜨겁다고 하는지 한번 찾아볼까?

가스불 위에 올려서 끓인 국도 뜨거워요. 라면도 뜨거워요.

와! 국이랑 냄비도 뜨거운데 그것도 찾았구나.
또 뜨거울 때를 찾아볼까?

밥도 뜨거워요. 고기 구울 때도 뜨거워요.
엄마, 여름에 해님이 있을 때 돌멩이도 뜨거울 때가 있어요.
저번에 물가에 갔을 때 뜨거웠어요.

맞다. 해님이 있을 때 돌멩이도 뜨겁구나. 그러고 보니 해님도 무척 뜨거운 것 같은데.

다음은 '물음과 친해지기'를 해 볼까요? 물음과 친해지기는 궁금한 것에 대해 자세히 알아보는 과정입니다. 뜨거운 것을 막연하게 설명하기보다는 '반대되는 상황과 비교'하면 아이들이 쉽게 받아들일 수 있습니다. 더 많은 원리를 알게 되지요. 개념을 파악하는 질문하는 공부는 한 가지를 가지고 매우 깊게 들어가기 때문에 초등학교 저학년이라고 해도 전문적인 내용까지 배울 수가 있습니다. 전문적이라고 해도 결국 개념을 전문적인 용어로 풀어놓은 것일 테니까요.

그런데 뜨겁지 않은 것은 어떻게 말로 표현할 수 있을까?

음, 뜨겁지 않고요. 음.

얼음은 어때?

차가워요. 뜨거운 거랑 반대는 차가운 거예요?

하하, 그러네. 뜨거운 거랑 반대는 차가운 거구나. 이렇게 '뜨겁다', '차갑다' 라고 하는 것을 알아보는 걸 온도를 잰다고 한단다.
그럼 뜨거운 거랑, 차가운 거는 어떻게 다를까?

뜨거운 거는 온도가 많이 높은 거고요. 차가운 거는 온도가 많이 낮아요. 그래서 얼음은 냉동실에서 만들어요.

뜨거운 것은 온도가 높다는 것을 어떻게 알았지?

 얼음이 온도가 낮은 거니까, 뜨거운 거는 온도가 높은 거라고 생각했어요.

하나의 개념을 설명할 때에는 실제 주변에서 찾아볼 수 있는 예를 들면 설명이 쉬워집니다. 그리고 '반대'의 개념이 있는 예들을 찾아보게 하면 좀 더 쉽게 접근 할 수 있기도 하면서 개념을 확장시킵니다. 즉 깊고 넓게 사고의 폭을 넓힐 수 있는 것입니다. 여기에서 온도에 대해서도 설명을 더 해 주면 좋습니다.

 뜨거운 것도 있고, 뜨겁지 않은 것도 있고. 또 따뜻한 것도 있고, 덜 차가운 것도 있고, 많이 차가운 것도 있어. 여기에서 손을 대면 안 되는 것은 어떤 게 있을까?

이때는 아래와 같이 아이와 함께 카드를 만들어서 분리를 하거나, 그냥 백지에 그려서 표현을 해 보고 아이와 이야기를 나누어 보는 것이 훨씬 더 효과적입니다.

뜨거운 이미지

따뜻한 이미지

시원한 이미지

차가운 이미지

🧒 뜨거운 것은 손을 대면 안 돼요. 음, 그리고 얼음도 처음에는 괜찮은데 오래 잡고 있으면 손이 아파요.

👩 뜨거운 것은 다치게 한다, 그치? 그리고 아주 차가운 것도 손을 아프게 할 수 있구나. 그래서 아주 더운 여름과 아주 추운 겨울은 우리가 견디기 힘든 거란다. 따뜻한 거는 어때?

🧒 따뜻한 거는 먹기 좋아요. 국도 뜨거우면 먹기 힘들어요. 밥도 뜨거우니까 먹기 힘들어요. 그래서 식혀서 먹어야 해요.

👩 그럼 식히는 것도 온도랑 관련 있는 거구나. 그래, 온도가 너무 높으면 뜨겁다고 하고 온도가 너무 낮은 거를 차갑다고 이야기 해. 그리고 우리가 좋아하는 미역국은 뜨겁지 않고 따뜻하면 좋겠다.

한꺼번에는 모든 것을 시도할 필요는 없지만 온도와 관련한 많은 단어들을 일상에서 찾아보도록 하는 것은 아이의 어휘력도 늘이고 온도에 대한 개념을 확실하게 알아갈 수 있다는 점에서도 필요한 과정입니다.

👩 그러고 보니 뜨겁다, 따뜻하다, 차갑다는 온도와 관련이 있는 말이네. 우리 또 다르게 온도와 관련 있는 말들을 찾아볼까? 목욕하는 물은 어떨까?

🧒 여름에는요. 따뜻한 물도 싫어요.

👩 여름에는 차가운 게 좋아?

차갑지는 않고요. 엄마. 뭐라 그래요?

그건 미지근하다는 말을 쓴단다.

아. 맞다. 미지근하다. 또 뭐가 있어요?

냉장고에 든 물을 마시면 어떨까?

시원해요. 시원하다 하는 것도 온도랑 관련 있는 거예요?

냉장고에 든 물을 밖에 두면 어떻게 될까?

아, 미지근해지는 거지요. 이제 알겠다!

다음으로 뜨거운 것들이 하는 일이 무엇인지 알아봅니다. 아이들이 개념을 익히게 하려면 주변에서 볼 수 있는 관련된 것을 찾아보도록 하면 좋습니다. 그러므로 이런 활동과 관찰이 가능하도록 부모의 질문은 정말 중요합니다. 그동안 하나의 정답만 바쁘게 가르쳤던 교육에서 질문과 개념코칭으로 바뀌게 되면 이야기가 많아집니다.

가만히 보니까 뜨거운 거는 혼자 뜨거운 것이 아니고 다른 것들이 뜨겁게 하도록 도와주고 있는 것 같은데?

음…… 국이랑 냄비는 가스레인지에서 불이 나와요. 그래서 뜨거워져요.

밥은?

전기밥솥에서 전기가 밥하는 거 도와줘요.

와! 전기도 아는구나.

그럼요. 유치원에서도 배워요.

그럼 밖에서는 가스불이나, 전기가 없는 데 어떻게 돌멩이가
뜨거울 수 있을까?

음, 해님이 불타오르고 있으니까요?

맞다. 해님 덕분에 뜨거울 수 있네.
불이 뜨거우니까 다른 것들도 변하게 도와주고 있구나. 국도
끓이고, 라면도 끓이고, 밥도 짓고, 뜨거운 불 덕분에 우리
가 도움을 많이 받는구나. 그렇지?

불이 뜨겁다는 것을 알아가기 위해 앞부분의 대화가 너무 길지 않나
하는 생각이 들것 같네요. 하지만 바로 '뜨겁다'를 가르치는 것이 지금까
지의 교육이었다면 이제는 개념을 생각하면서 조금씩, 그러나 깊이 들어
가게 하는 방법으로 바꾸자는 것입니다. 그렇다고 부모가 바로 설명으로
들어가면 아이들은 자신들의 호기심이 아닌 어른들이 주입하는 지식을
받을 텐데 그러면 재미없는 공부가 됩니다.

질문하고 이야기로 풀어가는 개념코칭은 느린 학습처럼 보여도 결과
적으로 아주 빠른 방법입니다. 우리는 암기하는 계산식을 선행학습으로
하고 있지만 실제 아이들이 배워야 할 것은 개념교육입니다. 유아기 때에
도 이런 예들은 충분히 주변에서 발견할 수 있고, 호기심에 충만한 아이
들은 이러한 활동을 통해 세상을 배워가는 재미를 알 수 있습니다.

이어서 이제 '개념으로 물음과 하나되기'를 해 보겠습니다. 함께 이야

기를 나누어 볼까요? 불은 연료가 있어야 합니다. 혼자 타오를 수 없는 것이 불이지요. 연료를 공급받아 발생한 에너지가 시각적으로 보이는 현상이 불꽃입니다. 이 불꽃을 우리는 불이라고 이름 붙이고 있지요. 표출되는 에너지를 아이들의 시각으로 풀어가는 질문과 이야기입니다.

근데 불은 왜 뜨거울까요?

그러게, 불이 뜨거운 거 한번 실험해 볼까? 우리 종이를 한번 태워볼까?

(마당이나 베란다에 나가서 위험하지 않게 해 봅니다)

종이가 까맣게 타고요. 없어져 버려요. 불이 다 먹어 버려요.

그래, 불이 종이를 다 먹어 버리고 있는 것을 우리 민진이가 잘 발견하고 있구나. 우리 촛불을 한번 켜 볼까?

촛불은 참 예뻐요. 근데 불이 안 꺼져요. 종이랑 달라요. 불이 계속 있어요.

종이랑 촛불이랑 다른 것을 뭘까?

종이는, 종이는, 종이는 얇아서 금방 불한테 잡아 먹혀요. 근데 촛불은 물이 있어서 불이 빨리 못 잡아먹게 하나 봐요.

아, 촛불은 물이 있어서 불이 빨리 못 먹는구나. 와우, 우리 민진이 종이랑 촛불의 차이를 금방 찾았구나. 그래, 민진아. 불이 혼자서 있을 수 있을까?

(초의 원리에 대해서는 다음에 기회가 되면 그때 이야기하면 좋습니다)

아니에요. 종이도 있어야 되고, 초도 있어야 해요. 나무도 있어야 되고, 근데 가스레인지는 아무것도 없는데 불이 있어요. 전기밥솥은 불도 없는데 뜨거워요. 왜 그럴까요?

불이 무엇인가를 계속 공급을 받고 있는 것을 먹는다는 말로 표현하는 것도 아이의 참신한 아이디어지요. 아이의 눈은 무언가를 참신하게 표현하려고 해서가 아니라 보이는 데로 말을 합니다. 기존 기성세대가 만들어 놓은 지식체계가 아니라 자신들이 경험한 만큼 이해하기 때문에 오히려 더 개념에 쉽게 접근할 수가 있습니다. 아이의 눈으로 바라보는 세상은 기성세대가 보았을 때는 창의 그 자체이지만 아이들에게는 당연한 것입니다.

우리, 민진이가 질문이 많으니 생각도 많아지고 알게 되는 것도 많구나. 가스레인지는 도와주는 게 없는 것 같지만, 가스를 공급받고 있단다. 저기 관이 보이지? 저기를 통해서 가스가 들어와서 불이 켜지고 있는 것을 도와주는 거야. 종이처럼 금방 타버리지 않게 촛불처럼 계속에서 가스가 들어와서 불이 켜져 있게 도와주고 있단다.

그럼, 전기는요?

전기도 저기 선들이 보이지? 전기가 다니는 길이란다. 그 길을 통해서 전기를 받아서 불도 켜도 밥솥에서 밥도 해.

🧒 아! 전기가 다니는 길에서 전기를 받고, 가스가 다니는 길로 해서 가스로 받고 그렇게 하는 거구나.

👩 빙고!

근데, 전기랑 가스랑은 조금 달라. 전기와 가스에 대해서는 나중에 이야기하고 우리가 볼 수 있는 불에 대해서만 이야기해 보자. 얼마 전에 산불이 난거 엄마랑 텔레비전에서 봤지?

🧒 네. 무서웠어요. 큰 나무들이 다 타고, 불이 크게 이렇게 화악 났어요.

👩 불이 쉽게 안 꺼졌잖아. 그 이유가 뭘까?

🧒 음, 불이 먹을 수 있는 나무가 많았어요. 그래서 불이 안 꺼졌어요. 불은 나무를 좋아하나 봐요.

👩 그래, 우리 민진이가 불이 무엇을 좋아하는지 잘 알고 있구나, 우리 방에도 불이 좋아하는 것 많지?

🧒 불은 종이를 좋아하니까, 책을 먹을 것 같아요. 음, 이불도 먹고요, 책상도 나무도 되어 있으니까 책상도 먹고요, 침대로 먹고요, 장롱도 먹을 거예요. 싱크대도 나무니까 싱크대도 먹을거예요.

👩 그래, 불이 좋아하는 것을 잘 찾았구나. 불은 힘이 세서 쇠도 먹는단다. 나무나 종이보다 좀 더 시간이 걸리기는 하지만.

🧒 와! 불은 많이 무서운 건가 봐요.

👩 우리가 잘 쓰면 우리를 도와주는데, 우리가 실수해서 잘 못

하면 힘 센 불은 모든 것을 먹어버리기도 한단다.

😊 사람도 먹어요?

😄 불 안에 있으면 불이 안 먹는 게 없단다.

😊 그렇구나.

😄 불이 뜨겁다고 했지? 불이 뜨거운 게 바로 불의 힘이란다. 이렇게 불이 뜨겁도록 도와주는 게 또 있단다.

😊 네? 불이 뜨겁도록 도와주는 게 있어요?

😄 그럼, 엄마가 화날 때 갑자기 화가 날까? 또 민진이가 화날 때 그냥 화가 날까?

😊 내가 엄마 말 안들을 때 엄마가 화를 내요. 나는 동생이 내 꺼 가져가면 화가 나요.

😄 그래, 사람들이 내는 '화' 랑 불은 많이 닮은 것 같아.

😊 네, 무서워요.

😄 그래, 우리가 화를 내는 데도 이유가 있잖아. 불도 불이 나도록 도와주는 것이 있단다.

😊 그게 뭐예요?

😄 우리 한번 알아볼까?

촛불 위에 유리컵을 한번 씌워볼까?(불이 꺼진다)

😊 엄마, 불이 꺼져요.

😄 그래, 불이 꺼지는 것이 보이지, 유리컵 속에서 불이 계속 있도록 도와주는 게 사라지면 불도 꺼진단다.

🧒 그게 뭘까요?

👩 우리도 유리로 만든 모자를 쓰면 어떻게 될까?

🧒 숨을 못 쉬어요. 공기가 없잖아요? 그럼 불도 공기가 도와주는 건가요?

👩 그래 좀 더 이야기하면 공기 중에 산소라고 하는 것이 불이 붙도록 도와준단다.

🧒 그럼 산소가 불이 힘이 생기도록 도와주는 거예요?

👩 맞다. 하하 우리 민진이 대단해. 산소가 없으면 어떤 불도 살아남지를 못해.

🧒 그럼 불보다 더 힘 세게 산소구나!

👩 그렇기도 하네, 근데 불이 계속 있도록 도와주는 것도 힘이 센 거고, 불을 꺼버리는 것도 힘 센 것이 되지. 불을 끄려면 뭘로 끌까?

🧒 불은 물로 끄잖아요. 어! 그럼 불보다 물이 더 쎈건가?

👩 그럴 수도 있겠네.

🧒 근데 엄마, 엄마가 화났을 때, 제가 웃고 엄마 안아드리면 엄마 화가 사라지잖아요. 엄마 화보다 내가 더 힘이 센가 봐요

👩 맞다! 우리 민진이 웃음이 엄마 화보다 더 힘 센 거야.

글로 적으니 좀 길게 되었습니다만, 아이들에게 무엇을 가르칠 것인가를 염두해 두고 대화를 하면 많은 것들을 배울 수가 있습니다. 엄마의

개념코칭 어떤가요?

불은 에너지입니다. 에너지의 개념을 이렇게 이야기해 보면 어떨까요? 에너지는 다른 것들을 데울 수도 있고, 다 태워버릴 수도 있는 것입니다. 잘 쓰면 사람들에게 너무나 유용하지만 잘못 쓰게 되면 위험하다는 것을 물음과 이야기를 통해서 아이들에게 가르칠 수가 있습니다. 불의 위험을 이야기해 주고, 불을 지속하게 하는 연료에 대한 것도 이야기로서 충분히 설명이 가능합니다. '불이 뜨겁다'에는 이처럼 많은 개념들이 들어가 있습니다. 하나씩 풀어가 본다면 그야말로 깊고 넓은 이야기를 통해서 아이들의 지식과 더불어 지혜도 쌓이게 되는 것입니다.

연산에 대한 개념:
더하기를 왜 배워야 할까?

더하고 빼면 발생하는 '변화'에 초점을 맞추세요.
수를 재미있게 배우면 수학과 친해집니다.

아이가 숫자를 익히면 엄마는 빨리 덧셈과 뺄셈을 가르치고 싶어 합니다. 재미있게 가르치기 위해 많은 방법들도 동원합니다. 언젠가 제가 강의를 마치고 엘리베이터를 탔을 때 6세 아이와 숫자놀이를 하던 어머니를 만났습니다.

사람이 몇 명 탔어?

세 사람요.

세 명에서 한 명을 빼면 어떻게 될까?

두 명요.

두 명에서 두 명을 더하면 얼마가 돼?

네 명이요.

일상생활에서 실천하는 참 괜찮은 교육법입니다. 그런데 여기다가 개념코칭을 조금 더 덧붙이면 어떨까요? 숫자의 개념과 더하기의 개념이 들어간 공부를 추천합니다. 엘리베이터 안에서 만난 어머니의 교육법은 나름 이야기가 있는 숫자수업이었지만 결국은 '연산을 빨리하는 방법'에만 초점이 맞춰져 있지 않나, 라는 생각이 들어서입니다.

더하기와 빼기를 익히는 일은 우리의 삶에서 매우 중요한 개념을 배우는 과정이라 생각합니다. 더해서 많아지는 것, 또는 그로 인한 '변화'를 배우는 것이 덧셈과 뺄셈에 대한 '필요성과 개념'을 제대로 파악하는 것이 아닐까 합니다.

숫자에 숫자를 더하면 어떤 변화가 일어날까? 숫자에 숫자를 빼면 어떤 변화가 일어날까? 수의 변화는 어마어마한 비밀을 품고 있습니다. 숫자를 처음 배울 때 단순히 계산을 빠르게 하는 것이 수학을 잘하는 것이라는 잘못된 학습기억을 심어주면, 아이들은 수학을 지루해 하다가 재미없는 과목으로 치부하고 결국 어렵다고 포기해 버립니다. 하지만 더하기와 빼기에서 일어나는 변화의 비밀을 함께 알아가도록 하면 어떨까요?

👧 엄마, 오늘 어린이집에서 덧셈을 배웠어요.

👩 그래? 덧셈을 배웠구나. 그래 우리 딸, 새로운 것을 배우는구나. 그런데 덧셈이라는 것이 뭘까?

👧 병아리가 두 마리 있는데요, 두 마리가 더 있으면 몇 마리가

될까를 배웠어요.

🧑 병아리 두 마리가 있는데, 두 마리가 더 오면 몇 마리가 될까를 배웠구나. 그래서 병아리는 몇 마리가 되었을까?

🙂 네 마리요.

🧑 그래서 덧셈이란 뭘까?

🙂 음, 더하기 하는 거예요, 원래 있던 거에서 다시 들어오면 더하기 해야 하는 데 그게 덧셈이에요.

🧑 와, 우리 태희가 덧셈을 잘 아는구나.

우리 또 더하기 해 볼까?

🙂 네.

🧑 지금 집에 우리 둘이 있어. 그럼 숫자가 얼마가 되지?

🙂 음, 둘이니까 2요.

🧑 그럼 엄마가 조금 있다가 저녁 준비해야 하는데 몇 사람 먹을 거를 준비해야 할까?

🙂 오빠랑 아빠 것도 준비해야 하니까, 음, 네 사람 꺼요!

🧑 그래, 태희가 잘 맞췄어. 우리 두 사람이 있다가 아빠랑 오빠 두 사람이 더 들어오면 우리는 무엇을 해야 할까?

🙂 아빠랑 같이 놀기도 하고요. 오빠랑은 이야기도 할 거예요.

🧑 엄마랑 태희랑 두 사람이 있을 때보다, 아빠랑 오빠가 오면 다른 일들이 생기겠네.

🙂 네, 밥도 같이 먹고요. 훨씬 더 재미있어요.

그럼 어린이집에서 배운, 병아리가 두 마리 있다가 두 마리가 더 오면 어떤 일이 생길까?

병아리 두 마리는 심심할 것 같아요. 두 마리 더 오면 재미있는 일이 더 많아서 삐약삐약 더 시끄러울 거예요.

둘에서 둘이 더 많아지면 숫자도 더해지지만 더 많은 일들이 일어나겠구나.

그렇네요. 음, 우리 집에 할머니가 오시면요.
숫자 5가 되어요.

그럼 숫자 5와 또 무슨 일이 일어날까?

할머니가 맛있는 거 사오시고요. 장난감 사라고 용돈도 주셔요.

그렇구나, 할머니가 오시면 숫자는 5가 되는데 태희한테 더 좋은 일이 많이 생기는구나.
그런데 우리 집에 옆집 유진이가 오면 어떨까?

음, 지금 오면 숫자가 3이예요. 근데 유진이가 오면 내 장난감 마구 가지고 노니까 기분이 안 좋아요.

그렇구나. 숫자가 늘어나도 안 좋은 일도 있네.

네.

나무에 나뭇잎 가족이 많이 있으면 어떨까?

나뭇잎이 많으면 나무가 예뻐져요. 나뭇잎 가족은 많으면 좋겠어요.

그렇구나. 숫자를 더하니까 좋은 일도 있고, 안 좋은 일도 있는데 그럼 우리 숫자 더하기는 왜 해야 할까?

숫자를 더해서 어떤 일이 일어나는가 알아보는 거 같아요.

와! 태희가 중요한 것을 찾았구나. 굉장한 걸. 그럼 옆집 유진이가 오면 어떻게 할래?

내가 아끼는 장난감은 방에 챙겨 놓고요. 유진이가 다른 걸 가지고 놀라고 할거예요.

할머니가 오시면?

할머니가 오시면 태희가 뽀뽀해 드릴 거예요. 사랑한다고 말 할 거예요.

하하. 우리집에 사람이 많아진다는 미리 것을 알면 태희가 준비를 잘할 수 있겠다.

사람들을 더하고 빼는 데에는 이런 변화가 일어납니다. 기온이 올라가고 내려가도 변화가 있지요. 꽃들의 숫자가 변할 때 우리는 자연의 변화를 알 수 있습니다. 북극곰의 개체수가 줄어든다는 것도 자연의 변화를 이야기해 줍니다. 수의 변화는 우리의 삶과 밀접한 관계가 있고, 많은 이야기들이 함께 합니다. 곱하기는 더하기가 거듭하는 개념이고, 나누기는 뺄셈이 거듭되는 것에 대한 개념입니다. 많이 더해지면, 즉 곱해지면 천문학적인 결과가 나올 것이고, 거듭해서 나누어지면 나노의 세계로 들어가게 됩니다. 숫자가 말해주는 이야기를 읽어내게 하는 것이 바로 수학교육을 하는 이유겠지요.

우리나라에서는 수학을 못하면 공부를 못하는 것으로 인식하는 경향이 있습니다. 그런 두려움 때문에 어떤 과목보다 앞서 연산, 즉 수학과 관련한 학습지를 풀게 하는데 총력을 기울이는 것이 아닐까요? 아마 '수포자'가 생기는 것은 이런 교육 때문이 아닌가 싶습니다. 아이들만 수학을 어려워 하는 것이 아닙니다. 어른도 수학이라면 '어렵다'라고 생각하지 않나요? 수학을 좋아하는 분들이라면 그렇지 않겠지만 그런 분들은 소수이지요. 수포자는 공부를 포기한다는 의미와 동일시되는 현시대, 이 모든 현상이 어릴 때부터 시작된다는 것을 알고 수에 대한 올바른 공부법, 교육법을 알아야 합니다.

당장 수학 공부를 하지 않아도 괜찮습니다. 수학을 어렵고 싫은 기억으로 만들어 수학을 포기하게 해서는 안 됩니다. 수의 신비에 대해 알아가는 아이는 수포자가 되지는 않을 겁니다.

대기와 자연현상에 대한 개념:
바람은 왜 불까?

바람은 재미있는 현상을 많이 일으킵니다.
자연현상에 대한 이야기를 나누면 관찰하는 힘을 길러줍니다.

자연현상은 아이들에게 매우 신기한 일입니다. 아이의 눈으로 바라보는 것이 '낯설게 보기'의 시작입니다. 부모가 이미 알고 있는 개념을 아이의 눈에 맞춰서 아이들과 이야기하면 함께 새로운 세계로 들어갈 수 있습니다.

바람은 눈에 보이지 않지만 다른 사물들로 인해서 바람을 감지할 수 있습니다. 먼저 그것을 알아보게 하는 것입니다. 또한 그 현상들이 일으키는 변화를 관찰하게 합니다. 바람도 역시 많은 이야기들을 담뿍 담고 있습니다. 먼저 보이지 않는 바람을 볼 수 있는 일에 대한 이야기를 해볼까요?

바람은 왜 불까요? 하나

 와! 나무들이 많네. 큰 나무도 있고, 작은 나무도 있고.

진짜 크다. 우와 나무 때문에 해님이 안 보여요.

그렇구나. 해님이 나무 위에 숨어버렸네.

엄마, 근데 나뭇잎이 왜 흔들거릴까요. 춤추는 것 같아요.
이렇게!(팔을 휘젓는다)

하하, 나무들이 춤추는 것 같구나. 엄마와 태희도 같이 춤춰
볼까?

하하, 네. 근데 나무는 왜 춤을 출까요?

그러게, 왜 춤을 출까요?

바람이 춤추게 하는 거예요.

오! 태희가 알고 있었어?

유치원에서 배웠어요. 나무가 없어도 바람은 불어요. 그래서
시원해요.

우리 태희 대단한 걸! 그럼 바람은 왜 불까?

바람은 그냥 부는 거 아니에요?

그러게, 어떤 날은 바람이 불고 어떤 날은 바람이 안 불고 그
렇잖아. 늘 바람이 부는 건 아닌 것 같은데. 바람이 늘 똑같이
불까?

세게 불 때도 있고요. 지난번에 세게 바람이 불어서 창문이
덜컹덜컹 했어요. 무서웠어요. 오늘은 살랑살랑 불어요. 바람
은 다르네요. 왜 다르지요?

하하, 맞다, 바람은 늘 다르게 부는구나. 태희는 어때? 늘 기

분이 같을까?

아니에요. 기분 좋을 때도 있고, 화날 때도 있고요. 가만히 있을 때도 있어요. 아! 바람도 기분이 좋을 때랑 화가 날 때가 있나 봐요.

태희가 잘 발견했구나. 바람이 가만히 있을 때는 어떨까?

바람이 잠자고 있어요. 그래서 조용해요.

맞다. 태희야. 바람이 없는 날에는 바람이 자고 있는 거 같아. 바람이 화가 난 날은 비가 오기도 하는데 태풍이라고 한단다.

아. 맞다. 지난번에 태풍이었어요.

그래. 비도 오고, 바람이 세차게 불면 태풍이 왔다고 하지. 태풍이라는 말뜻이 뭐냐면 크다는 뜻의 '태'와 바람이라는 뜻의 '풍'자가 합쳐진 말이야. 아주 큰 바람이라는 뜻이란다.

아주 아주 큰 바람이 태풍이네요.

오늘 숲속에서 이렇게 부는 바람 이름도 우리가 지어 볼까?

우리가 이름 지어도 돼요?

그럼, 우리가 만나는 바람이니까 우리가 지어 보자.

나뭇잎을 춤추게 하니까 춤추는 바람이라고 해요.

와! 기발한 이름이다. 춤추는 바람. 또 다르게 지으면?

살랑살랑 불기도 하니까. 살랑바람.

연두빛이 살랑살랑 보이니 연두바람이라고도 해볼까?

시원하기도 해요. 시원바람.

이름을 붙여주니까 참 재미있네. 그럼 다시, 바람은 왜 불까?

땀을 식혀주려고요. 큰 바람은 사람들을 혼내기도 해요. 나무가 심심하니까 춤추게 해 주려고요.

맞다. 바람은 우리한테도 그렇고, 나무한테도 그렇고 꼭 필요한 친구 같구나.

그럼 엄마, 바람은 내 친구라고 할까요?

그래. 나무한테도 바람은 내 친구고, 꽃잎한테도 바람은 내 친구고, 태희한테도 바람은 내 친구가 되는구나.

와! 신난다. 바람은 내 친구.

그래. 바람은 태희 친구인데 바람을 만나려면 어떻게 해야 할까?

음, 바람은 눈에 보이지 않으니까 이렇게 나무처럼 손을 벌리고 눈을 감아보면 바람이 나에게 와요.

바람은 왜 불까요? 둘

이번에는 바람은 온도의 변화 때문에 공기가 '이동'을 하는 것이라는 개념을 풀어가 보도록 하겠습니다. 바람은 보이지 않는 공기가 이동하는 현상이라는 개념을 아이들과 재미있게 배워볼까요? 그리고 공기가 이동하며 생기는 바람이 일으키는 중요한 현상들을 알아보도록 하겠습니다.

오늘 우리 태희가 기분이 안 좋아 보이는구나.

엄마. 속상해요.

우리 공주님한테 무슨 일이 생긴 걸까?

어제 숲에서 엄마랑 나랑 바람 이야기 했는데, 오늘 유치원에서 바람은 공기가 움직이는 거래. 공기가 어떻게 움직여요? 살랑바람, 연두바람, 내 친구 바람 이야기했는데 안 들어 줬어.

우리가 공부한 거를 아이들이 안 들어줘서 태희가 속상했구나.

응. 엄마. 선생님이 바람은 공기가 움직이는 거라고 했어.

음. 엄마랑 밖으로 가서 태희 친구 바람을 만나러 갈까?

응.

태희야, 하늘을 한번 볼래?

네, 구름이 날아가고 있어요.

맞어. 구름이 날아가고 있네. 구름이 혼자서 날 수 있을까?

구름은 혼자서도 날아가요.

하하. 그래. 구름은 혼자서도 날아가네. 그런데 구름이 가만히 있는 날도 있지 않니?

네. 하얀 구름이 가만히 있을 때도 있어요.

어제 우리 나무를 보고, 바람이 춤추게 하는 거 봤지?

네.

만약에 가벼운 종이가 있었으면 어떻게 되었을까? 지금 해 볼까?

종이는 날아가요 엄마.

무엇 때문에 종이가 날아갈까?

바람이 불어서요.

그럼 나무는 왜 날아가지 않고, 춤추고 있었을까?

음, 나무는 뿌리가 땅속에 있어요. 그래서 못 날아가요.

그렇구나. 무겁거나 뿌리가 땅속에 있으면 바람이 못 날아가
게 하는구나. 그럼 구름은 어떨까?

구름은 하야니까 가벼워요. 그래서 하늘에 떠 있어요.

하얀 구름이 가벼워서 하늘에 떠 있는 것을 알았구나. 그럼
구름이 혼자서 가는 걸까?

아니, 바람이 불어서 날려 보내는 거 같아요.

하하 맞단다. 태희야. 근데 태희야 엄마 한번 봐(후욱, 입김을 분
다). 이렇게 바람이 있어서 입김을 부는 것 같지. 바람은 구름
을 불어서 보내는 것이 아니라, 함께 가는 거란다. 가벼운 것
들은 바람이 데리고 가는 거야.

그럼 바람은 멀리멀리 가는 거예요?

그래. 바람이 데리고 가고 싶은데 나무는 못 따라 가니까 춤
을 추게 하고. 종이처럼, 구름처럼 아주 가벼운 것들은 바람
이 여행가는 데에 데리고 가는 거란다.

움직여서 가는 거예요?

우리도 집에서 나왔지? 이것처럼 우리가 숨 쉬는 공기도 움

직인단다.

아빠가 운전해서 자동차로 우리가 가는 것처럼 공기가 태워서 가는 거예요?

우리 태희가 잘 말해줬다. 맞아. 자동차처럼 구름도 태워가고 작은 나뭇잎도 태워가고 그렇게 공기가 움직여서 간단다. 이렇게 공기가 움직이는 것을 바람이라고 한단다.

와! 정말 재미있어요. 공기가 자동차처럼 태워 가는구나. 바람보다 무거우면 못 태우고 가는 거예요?

하하. 우리 태희가 더 많은 것을 발견했구나. 바람보다 무거운 것은 못 태우고 바람보다 가벼운 것은 태우고 간단다.

그럼 아주 큰 바람 태풍은 많은 것을 태우고 가는 건가봐. 힘이 세니까.

그래. 힘이 세니까 많은 것을 태우고 가고 싶은데. 태풍 말을 안 듣고 안 따라가려고 하면 부서지기도 한단다. 나무는 숲 속에 친구들이 많으니까 있고 싶고. 근데 바람은 데리고 가고 싶고. 그래서 싸우다가 나뭇가지가 부러지기도 하지. 아주 세찬 바람은 집도 데리고 가고 싶어 해.

집은 바람을 따라가면 안 되잖아요. 사람들이 살아야 되니까?

그래서. 어떤 집은 부서지기도 한단다.

바람은 심술쟁이야. 나빠.

그럴 때도 있어. 근데 비가 이렇게 많이 안 올 때는 바람이 구름들을 데리고 와서 비도 내리게 한단다. 바람이 없으면 구름들을 데리고 올 수가 없어. 해님이 너무 쨍쨍 힘이 세면 우리가 많이 힘들잖아. 그때는 구름을 데리고 와서 그늘을 만들어 주기도 한단다. 아주 옛날에는 배들을 데리고 바다를 건너가게도 해 주었단다. 바람을 친구도 만드는 배를 돛단배라고 해. 돛이라는 것을 달아서 바람을 담아 바람이 배와 함께 갈 수 있도록 해 주었지.

🙂 바람은 정말 친구도 되고, 못되게 행동하기도 해요.

🙂 그럼. 사람들이 뭔가를 많이 잘못하면 혼내기도 해서 그런 게 아닐까 해.

🙂 그럼 바람은 하나님이 보내주신 건가 봐요. 사람들을 도와주기도 하고, 잘못하면 혼내기도 하고요.

🙂 맞다. 우리 예쁜 태희가 바람에 대해서 잘 정리했구나.

감성도 풍부해지고, 개념도 깊이 있게 배울 수 있는 것이 바로 이렇게 이야기로 풀어가는 방법입니다. 이야기에는 비유도 들어가고, 관찰도 들어갑니다. 아이의 경험이 나오기도 하고, 부모의 경험이 곁들여지기도 합니다. 부모가 자녀와 이야기를 하는 일은 아이가 부모의 어휘력을 배울 수 있는 좋은 기회이기도 합니다. 이처럼 아이와 함께 바람은 공기가 이동하는 것이라는 사실을 배우는 이야기를 해 보는 건 어떤가요?

도형에 관한 개념: 사람 얼굴은 왜 동그랄까?

아이와 함께 일상 속에서 도형을 찾아보세요.
지루하지 않게 도형의 개념을 익힐 수 있습니다.

아이들은 도형을 배울 때 참 재미있어 합니다. 단순히 동그라미나 세모, 네모의 모양을 배우기보다는 형태를 구분하면서 분류하는 것도 배워야 하기 때문에 그냥 알려주지 않고 '형태와 분류'라는 개념도 함께 가르칠 수 있으면 좋습니다. 사례를 통해 한번 살펴 볼게요. 먼저 동그라미부터 알아 볼까요?

😊 엄마! 엄마! 내가 오늘 유치원에서 우리 가족을 그렸어요! 보세요!

😄 와! 태희가 우리 가족을 그렸구나. 한번 보자. 누군지 설명해 줄래?

할머니, 엄마, 아빠, 오빠, 나 그리고 정후예요. 나 잘 그렸죠.

그럼, 정말 잘 그렸네. 할머니와 아빠는 뭘 하고 계신걸까?

할머니는 텔레비전 보고 계시고요. 아빠는 엄마 옆에서 엄마 도와주고 계셔요.

엄마는 뭘 하고 있길래 아빠가 도와주고 계실까?

엄마는 저녁 식사 준비하고 있어요.

그렇구나. 그럼 어떤 맛있는 반찬을 만들까?

태희가 좋아하는 계란말이요.

알았어. 오늘은 계란말이를 해야지.

야! 신난다. 오빠랑 태희는 지금 책을 보고 있어요. 정후도 옆에 있어요.

그렇구나. 태희랑 오빠는 책을 읽는 모습을 그렸구나. 가만히 보니까 우리가족 얼굴이 다 동그라미네.

얼굴은 동글동글해요. 동그라미를 그렸죠.

그래, 얼굴은 동글동글하구나. 그럼 또 동그란 것은 뭐가 있을까?

음, 식탁 위에 전등도 동그라미, 또 밥그릇도 동그라미예요.

그래, 동그라미들이 많네. 또 동그라미는 뭐가 있을까?

사탕도 동그라미구요. 쿠키도 동그라미가 있어요. 곰 인형 얼굴도 동그라미구요. 곰 눈도 동그라미예요. 와! 동그라미 많다.

그렇구나. 진짜 동그라미가 많구나.

🧒 생일 케이크도 동그라미예요.

👩 그래, 하하. 우리 태희가 그것도 기억했구나. 근데 갑자기 궁금하네. 얼굴은 왜 동그랄까?

🧒 으응. 얼굴은 왜 동그랗지요?

👩 그래, 그게 궁금해졌어. 태희 생각은 어때?

🧒 얼굴이 세모면 무서울 것 같아요. 머리카락을 붙이기도 힘들어요.

👩 그럼 네모 모양이면 머리카락 붙이기가 쉽지 않을까?

🧒 네모면 스폰지밥인데. 스폰지밥은 예쁘지 않아요. 동그란 것은 다 예뻐요. 얼굴도 예뻐야 하니까 동그라미인 것 같아요.

👩 태희도 예쁘니까 동그란 얼굴이네.

🧒 네. 하하. 엄마도 예쁘니까 얼굴도 동그라미예요.

세모와 네모를 찾아보면서 동그라미와 다른 점을 찾아보도록 합니다. 온도 이야기에서 이미 말한 것처럼 하나의 개념을 배울 때는 그와 반대되거나 유사한 것에 대한 개념을 함께 얘기하면 비교를 통해 개념확장을 쉽게 할 수 있습니다.

👩 네모난 것은 어떤 게 있지?

🧒 식탁도 네모예요. 음, 책도 다 네모예요. 책장도 네모고요. 창문도 네모고요. 현관문도 네모예요. 엄마, 싱크대 문도 다 네모예요. 와! 네모가 많다.

네모로 된 것은 어떤 좋은 점이 있을까? 우선 책을 한번 살펴
볼까?

네모는, 네모는, 책꽂이에 꽂기 좋아요.

싱크대가 동그라면 어떨까?

예쁠 거예요. 근데 많이 넣지는 못할 거예요.

책상이 동그라면 또 어떨까?

벽에 붙일 수가 없어요.

그러고 보니까 네모난 것들은 정리하기가 좋구나. 우리방도,
거실도 다 네모로 생겼네. 그래서 엄마가 청소하고 정리하기
가 좋은가 보다.

엄마, 태희는 예쁘니까 내 방은 동그라미로 만들어 주세요.

하하 우리 언젠가는 동그란 방을 만들어 볼까?

네.

그럼 세모는 어떨까? 세모는 어떻게 생겼지?

세모는 뾰족뾰족하게 생겼어요.

그래. 세모를 한번 그려볼까?

세모는 아프게 할 같아요. 뾰족뾰족 찌를 것 같아요.

그렇게 보이는구나.

엄마, 우리 집에는 세모가 많이 없어요. 찾을 수가 없어요.

우리 뾰죽이 세모는 나중에 천천히 찾아보자. 오늘은 동그라
미와 네모 공부를 했네. 우리 태희 웃는 얼굴도 동글동글이

고 케이크도, 사탕도, 쿠키도.

곰 인형 얼굴도요. 동그란 것은 예뻐요.

그래, 하하. 그럼 네모는?

네모는 정리하기가 좋아요. 책도 쌓아놓기 쉽고요. 책상도 네모고 서랍도 네모여서 정리하기가 좋아요.

그래, 오늘 예쁜 동그라미와, 정리하기 좋은 네모 공부. 태희랑 이야기하니까 정말 재미있었어.

네, 엄마 진짜 재미있어요.

그렇네. 태희야 해님은 어떤 모양일까?

동그라미요. 그림 그릴 때 동그랗게 그려요.

달님은?

달님도 동그라미예요. 어! 달님이 안 동그랄 때도 있는데······.

달님이 안 동그랗게 보이는 이유는 뭘까?

전에 엄마랑 이야기할 때 달님이 숨바꼭질해서 숨어서 그렇다고 했어요.

하하, 원래는 동그란데 숨어서 동그랗게 보이지 않는다는 거지? 해님과 달님이 없으면 어떻게 될까?

깜깜해져서 못살아요. 그리고 해님이 없으면 추워서 다 죽어요.

그렇구나. 태희가 해님이 얼마나 중요한지 알고 있네. 태희가 그린 그림을 보고 사람도 한번 볼까? 사람 몸에 다른 것은 뭐가 있지?

얼굴도 있고요, 몸도 있고요, 팔도 있고요, 다리도 있어요.

다른 것은 어떻게 생겼을까?

몸은 네모예요. 팔도 네모고요. 다리도 네모예요. 손은 동그라미로 그렸어요.

그래, 태희가 잘 말해줬다. 손은 동그라미로 그렸지만 동그라미는 아니지?

이렇게 주먹 쥐면 동그라미가 되어요.

하하, 그렇네. 그럼 사람 몸에서 가장 중요한 것은 무엇일까

얼굴요. 얼굴에는 머리도 있어서 가장 중요해요.

그래. 다 중요하지만 가장 중요한 것은 머리인 것 같구나. 해님, 달님처럼 우리 몸에서 가장 중요한 것은 동그라미인 것 같기도 하다.

우리 얼굴이 해님과 달님을 닮았어요.

그럼, 우리 태희 얼굴이 해님처럼 환하게 온 세상 비추고 있지.

분류와 비교를 통해 동그라미, 세모, 네모를 알아보았습니다. 동그란 태양과 달을 얼굴과 비교해 보면서 얼굴의 중요성에 대해서도 잠깐 다루어 보았습니다. 분류를 하고 비교를 하면 이야기를 쉽게 풀어나갈 수 있고 개념을 쉽게 파악할 있습니다. 아이들과 함께 하는 질문과 이야기, 어떤가요?

꽃잎 수와 빛 에너지에 대한 개념:
민들레 꽃잎은 몇 개일까?

꽃 한송이와도 이야기를 하는 아이로 키우세요.
작은 꽃 하나를 알게 되면 우주를 아는 것과도 같습니다.

민들레 꽃잎은 생각보다 개수가 많습니다. 약 200개 정도 된다고 합니다. 민들레의 꽃잎 수는 왜 이렇게 많을까요? 우리 가요 중에 '일편단심 민들레'라는 말이 있습니다. 민들레가 태양을 향하는 마음을 그렇게 표현한 것 같습니다만 아마 민들레 꽃잎 수가 많은 것도 이런 개념이 포함되어 있는 것이 아닌가 합니다.

만약 민들레를 두고 아이와 얘기한다고 했을 때 '민들레는 무슨 색이니? 무슨 꽃일까?'라고 간단한 질문으로 멈춘다면 대화 역시 간단한 답으로 끝납니다. 더 이상 할 이야기가 없습니다. 하지만 '왜'라는 의문을 만드는 엄마의 질문은 아이가 민들레를 깊이 관찰하고 탐구하도록 도와줍니다.

 엄마. 여기 민들레가 있어요.

 그래. 민들레가 있구나.

예뻐요. 노란 민들레.

우리 태희가 노란 민들레라고 부르니까 노랗게 웃는 것 같다.

하하하, 노랗게 웃어요.

태희야 근데 민들레 꽃잎은 몇 개일까?

진짜 많아요.

우리 한번 세어 볼까?

근데 민들레는 왜 이렇게 꽃잎이 많아요?

그러게. 왜 꽃잎이 많을까? 우리 그럼 꽃잎이 많은 꽃들을 찾 아볼까? 민들레 한 송이 들고 집에 가서 책 찾아볼까?

해바라기도 꽃잎이 많아요.

해바라기도 꽃잎이 많구나. 그럼 민들레를 한 포기 캐어가서 관찰해 볼까? 태희야. 이것 봐, 뿌리 한번 볼래?

뿌리가 길어요. 꽃하고 잎보다 더 길어요.

그렇지? 뿌리가 무척 길지?

민들레는 뿌리가 땅속에 길어서 바람이 못 데려가겠다.

(앞서 배운 바람 이야기도 데리고 옵니다)

하하. 맞단다. 민들레는 바람이 못 데려가. 그리고 이렇게 뿌 리가 땅속 깊은 곳에까지 있으면 겨울에도 춥지 않게 살 수 가 있어.

엄마. 겨울에 땅속에서 사는 동물도 있어요. 땅속이 따뜻한 가 봐요.

하하. 맞다. 태희야. 땅 위보다는 땅속이 추운 바람을 피할 수 있어서 따뜻하단다.

땅속의 온도가 일정하다는 것은 다음 기회에 다루는 것이 좋습니다. 이 시간은 민들레를 이야기하는 시간이니까 여기에 집중을 하고 나중에 땅속과 땅위의 기온변화에 대한 공부를 할 기회를 만들어 민들레 이야기를 소환해서 땅속이 춥지 않다는 것을 다시 짚어주고 시작하면 좋습니다. 그럼 집으로 가져 온 민들레를 관찰하는 이야기를 살펴 볼게요.

엄마. 민들레가 이상해요. 죽어가요.

아, 민들레가.

민들레가요. 꽃잎이요.

이럴 때는 꽃이 입을 다문다고 이야기한단다.

민들레가 입을 다물었어요.

그렇구나. 입을 다물었구나. 왜 집에 데리고 왔는데 입을 다물었을까?

우리집이 싫은가 봐요.

우리집이 싫어서 그럴까? 음. 우리집하고 바깥하고 뭐가 차이가 날까? 한번 생각해 보자.

민들레는 해님을 보고 있어요. 해바라기도 해님만 보고 있어요. 우리집에는 해님이 없어요.

와! 우리 태희 관찰력이 대단한 걸. 그럼 내일 아침에는 해님이 비치는 창가에 둬 볼까?

그럼 해님이 있으니까. 기뻐서 입을 열 거예요. 태희도 기분이 좋으면 '하하'하고 웃잖아요.

하하. 맞다 태희야. 내일까지 한번 기다려 보자.

• • •

엄마. 민들레가 입을 열고 웃고 있어요. 해님을 만났나 봐요.

그래. 민들레가 해님을 만나서 활짝 웃고 있구나. 그럼 민들레는 낮이랑 밤이랑 다를 거 같지?

낮에는 입을 활짝 열고 있어요. 해님이랑 같이 있으려고요. 밤에는 해님이 없어서 입을 다물고 있을 거예요.

그럼 바람이 구름을 데리고 와서 해님을 가리는 낮에는 어떻게 될까?

그때도 해님을 못 보면 입을 다물 거 같아요.

그래 태희야. 구름이 잠깐 해님을 가리면 괜찮은데 오전 내내나 하루 종일 가리고 있으면 입을 다물고 있단다. 해바라기는 어떨까?

해바라기는 꽃이 너무 커서 입을 못 다물 거 같아요.

그럼 해바라기보다 민들레가 더 해님이 필요해서 해님과 같이 있어야 할 거 같은데.

🙂 헤헤. 민들레는 태희 같아요. 엄마 없으면 못살아요. 엄마가 없으면 슬플 거예요. 민들레도 해님 없으면 슬퍼해요. 입을 다물어요.

🙂 하하 맞네. 해바라기보다 민들레가 해님을 더 좋아하는구나.

🙂 오빠보다 내가 더 엄마 좋아해요.

🙂 우리 민들레 꽃잎을 세어볼까?(아이와 같이 직접 꽃잎을 뜯어 하나씩 종이 위에 늘어놓아 본다) 200개가 넘네. 민들레는 할머니, 할아 버지 나이를 합한 것보다 꽃잎이 더 많단다.

🙂 민들레는 정말정말 꽃잎이 많아요. 별님들만큼 많아요. 근데 해바라기는 그것보다는 많이 적어요.

🙂 그럼 민들레 꽃잎은 왜 이렇게 많을까?

🙂 음……

🙂 민들레는 해님을 많이 좋아하지?

🙂 네.

🙂 민들레는 아주 작은 꽃인데 해님이 보내주는 햇살을 많이 받 으려면 작은 꽃잎을 많이 만들어야 한단다. 태희야 잘 봐. 그 냥 민들레 꽃 크기를 그리면 이정도가 된단다. 이 작은 꽃잎 을 하나씩 동그랗게 펴볼까? 어때?

🙂 민들레꽃보다는 훨씬 커요. 많이 커요. 아. 작은 꽃이 해님이 보내는 빛을 많이 받으려고 이렇게 작은 꽃잎들을 많이 만들 게 한 건가 봐요.

그래. 그런 거 같지?

그럼 꽃잎을 더 많이 달면 되잖아요. 그럼 햇빛을 더 많이 받을 수 있잖아요. 햇빛을 더 많이 받으면 밤에 입을 안 다물어도 되잖아요.

그러면 좋겠다. 그치? 근데 민들레꽃을 바치고 있는 이것을 줄기라고 하는데, 더 많은 꽃잎을 달면 어떻게 될까?

부러질 거예요. 아 그래서 줄기를 지키려고 밤에는 입을 다물고 있는 거예요?

하하. 그럴지도 모르겠다.

꽃잎을 하나하나 펼치면 많은 면적을 차지하는 것이 민들레 꽃잎입니다. 앞서서 수의 개념에서 배웠듯이 숫자가 많으면 그 이유가 있는 것이겠지요. 민들레는 빛의 영향을 많이 받습니다. 빛의 영향과 민들레 꽃잎의 숫자와 결부시켜서 아이들과 이야기를 해 보았습니다.

물음과 이야기로 하는 개념코칭은 아이를 인성과 창의성을 겸비한 감성이 풍부한 사람으로 자라게 합니다. 이야기가 주거니 받거니 길어져야 엄마, 아빠랑 이야기하는 것이 즐겁습니다. 혼자 설명하는 이야기는 지루합니다. 아이들이 싫어하지요. 아이들과 물음과 이야기 습관을 길러보면 어떨까요?

05

부모와 아이가 함께 성장하는 시간

아이습관

아이가 엄마한테 너무 의존해요

어려서부터 첫째 아이의 요구를 쉽게 알아들어 바로 반응을 해 줍니다.
그래서 엄마 말만 듣고 엄마가 아닌 다른 사람의 말은 듣지 않습니다.
어떻게 하면 좋을까요?

엄마에게 의존도가 높으면 3세까지 엄마는 편할 수도 있습니다. 엄마
만 있으면 모든 것이 해결되기 때문입니다. 즉 아이가 울음도 그치고 잘
놀고, 먹는 것도 잘 먹기 때문에 돌보기가 무척 쉽지요. 우리는 우리가
편한대로 움직입니다. 아이가 조용하고 잘 놀 수 있으면 그쪽으로 자극
을 주기 마련이지요. 폰 게임을 좋아하면 스마트폰을 아이의 손에 들려
줍니다. 아이의 미래를 위해서 좀 번거롭더라도 스스로 무엇인가를 할
수 있는 좋은 습관을 만들어 주기보다, 어느 사이인가 아이들이 조용하
게 잘 놀도록 유도하고, 성가시게 하지 않는 쪽으로 하게 되지요. 아이가
원하는 것이 무엇인지 가장 잘 감지하는 사람이 엄마입니다. 그러니까
아이는 자신의 명령에 가장 잘 따라주는 사람이 엄마라는 것을 알게 되
겠지요.

아이의 습관은 부모가 만듭니다. 아이들이 초등학교, 중학교 때 게임
이나 컴퓨터, 스마트폰 같은 중독성 있는 것에 빠져 있다고 상담을 오는

분들이 많습니다. 많은 경우, 나쁜 습관들은 어릴 때 부모가 만들어 주는 것들이 많습니다.

다시 엄마 의존도로 돌아가 보겠습니다. 아이에게 여러 가지 원인이 있을 것입니다. 저는 심각하게 이론화 하기보다는 아이들의 심리를 따라가 보는 것으로 정리하려 합니다.

첫 번째, 사랑을 뺏기지 않으려는 쟁탈전일 수 있습니다. 위에 형이나 오빠, 언니, 누나가 있을 때 아이들은 자기만의 자리를 차지하려고 합니다. 조금 큰 아이들이 갑자기 이런 행동을 하면 부모는 제지하지만 갓난아이 때부터 이런 행동을 하면 부모는 무심코 안아주면서, 아이를 달래기 위해 '엄마표 방법'을 쓰게 됩니다. 아이는 점점 더 강한 요구를 하고 2~3세 때는 강도가 더 세지겠지요.

두 번째는 과도한 불안이 원인일 수 있습니다. 분리불안이라는 말은 쓰고 싶지는 않지만 흔히 쓰는 용어가 되어 있으니까 언급해 보겠습니다. 아이들이 자기도 모르는 새에 엄마가 없어졌다는 두려움에 휩싸일 때가 있습니다. 부모도 감지 못하는 잠깐 사이에 아이가 순식간에 느끼는 무서움인데 엄마만 있으면 안심이 되고 두려움에서 벗어나게 됩니다. 이러한 경우도 살펴보아야 합니다.

엄마가 과도하게 반응하고 챙겨주는 첫 번째 경우에는 엄마부터 아이에게서 심리적인 독립을 해야 합니다. '이 아이는 내가 없으면 안 되고 나만 이 아이가 원하는 것이 무엇인지 알 수 있어'라고 생각할지 모릅니다. 하지만 아이는 엄마가 없어도 잘해낼 수 있습니다. 바꾸어 말하면 엄마가 이 아이가 없으면 아무것도 할 수가 없고 어떤 일도 손에 잡히지 않는다는 것도 알아차릴 수 있어야 합니다.

아이는 엄마가 다 해 주면 편하고 세상이 자기 마음대로 다 움직인다고 생각하겠지만 세상에는 엄마만 존재하는 것이 아닙니다. 아이도 세상을 맞이할 준비를 해야 하고 어려움도 겪어야 합니다. 어린아이 때 다양한 경험이 아이들에게는 힘들고 어려운 일들이겠지만, 부모의 울타리 안에 있으므로 크게 마음을 다치거나 해결하지 못할 일은 없습니다. 부모와 함께 경험하면서 겪어낼 수 있도록 해야 합니다. 엄마의 과도한 걱정, 어떤 아픔도 겪지 말았으면 하는 마음에 구축하는 '무균실'을 해제해야 합니다. 어릴 때 아이들이 겪어내는 모든 감정과 힘든 일은 성인이 되어가면서 면역력을 충분히 키워주는 일이 된다는 것을 알아야 합니다.

면역력은 매우 중요합니다. 인체도 면역력이 떨어지면 온갖 기능에서 장애가 오게 되지요. 감정도, 관계도, 사회성도 면역력을 충분히 길러야 합니다. 과도하게 감싸며 엄마가 다 해 준다면 값으로 따질 수 없는 면역력을 키울 수 있는 중요한 시기를 놓치게 됩니다. 애써 길렀는데도 아이들이 학교생활에 적응을 못하거나, 관계 형성이 잘 이루어지지 않거나 혹은 학습에 어려움을 겪는 것은 스스로 어려움을 이겨내는 힘을 기르지 않았기 때문입니다. 편한 사람, 즉 엄마에게 울면서 달려가면 모든 것을 다 공감해 주고 해결해 주는데 아이들이 굳이 스스로 해결할 이유가 없어지는 것이죠.

그래서 아이를 독립시키기 전에 엄마부터 안타깝고 애처로운 마음에서 독립해야 합니다. 아이가 힘들어 하는 모습을 보아도 견뎌 내고 같이 해결할 수 있는 방법을 대화를 통해 찾고 함께 하는 겁니다. 아이들이 얼마나 현명하게 대처하는지, 선택을 잘 하는지 부모들이 관찰하면서 함께 성장하자고 권하고 싶습니다.

두 번째, 아이가 자신도 모르게 과도한 불안에 휩싸여서 엄마와 떨어지는 순간 두려워 하는 경우입니다. 이럴 경우에는 엄마는 보이지 않는 곳에서도 아이와 함께 있다는 메시지를 보내는 것이 필요합니다. 아이는 눈에 보이는 경우만 믿습니다. 대상의 영속성에 대한 것은 훈련에 의해서 인지할 수 있습니다. 놀이를 통해 엄마가 안 보여도 늘 같이 있다는 것을 알려 주세요.

사실 이것은 모든 아이들에게 필요한 엄마에 대한 믿음입니다. 보이는 곳이든 보이지 않는 곳이든, 가까이 있든 아주 멀리 떨어져 있든 엄마, 아빠는 함께 하는 존재란 걸 알려 주세요. 부모님이 든든한 내편이라는 강한 믿음이 어떤 어려운 상황도 이겨낼 수 있는 면역력이 되어 줄 것입니다.

우리나라의 대표적인 '까꿍 놀이'는 아이들에게 게임을 통해 이 감각을 익히게 해 주는 놀이입니다. 대상의 영속성, 즉 보이지 않아도 존재한다는 믿음을 줘야 합니다. 엄마의 사랑이 변함없다는 것을 보여주고 보이지 않는 곳에서도 지키고 있다는 것을 인지시켜줄 필요가 있습니다. 짧게 얼굴만 가렸다가, 몸을 가렸다가, 시간을 점차 늘리면서 아이가 어느 순간 엄마가 없어도 엄마가 있다는 것을 깨닫도록 서서히 훈련시킬 수 있습니다.

배워 나가면 됩니다. 무조건 감싸 안기보다는 조금씩 적응하도록 부부가 서로 의논을 하면서 좋은 방법을 찾아가는 것입니다. 아이가 안 떨어져요, 엄마가 아니면 안 돼요, 라는 판단의 마침표를 물음표로 바꾸어보세요. 그럼 좌충우돌을 겪겠지만 우리 가족만의 지혜로운 방법을 찾아갈 것이라 생각합니다.

아이가 갓난쟁이 동생을 질투합니다

5살 딸, 3살 딸, 그리고 막내가 태어났습니다. 5살짜리 딸은 괜찮은데 3살짜리 딸은 막내를 싫어하는 것 같습니다. 아빠가 막내를 못 안게 하고 막내 물건이면 손도 못 대게 합니다.

"한 번은 새로 산 막내 기저귀를 바구니에 담으려는 아빠를 보고, 둘째가 울고 불며 기저귀를 집어 던지더라고요. 어떡하면 좋을까요?"

형재, 자매의 우애는 모든 부모의 바람이지요. 걱정이 안 될 수 없습니다. 아이들은 태어나자마자 받기만 합니다. 아니 실제로는 뱃속에 잉태되면서부터 끊임없이 받기만 하지요. 받기만 하면서 내가 받은 것을 나누는 것에 대해선 배우지 못했습니다. 아이들은 감정에 솔직합니다. 그래서 바로 반응을 보이고 그 순간 부모는 당황하게 되는 것이지요. 동생이 태어나면 자연스럽게 동생이 예뻐서 귀여워하고 잘 챙겨주지 않을까, 하는 기대가 무너지는 순간입니다. 말도 못하고 누워있는 동생을 상대로 질투하는 아이를 보면 참 난감하지요.

아주 작은 아이가 눈도 못 뜨고 태어났습니다. 아주 큰 어른의 눈에는 한없이 돌보아줘야만 하는 존재로 비춰지지요. 그때의 애틋하고 안타깝고 사랑스러운 모습이 마음속에 감정으로 남아 있습니다. '눈에 넣어도 아프지 않을' 이 기가 막힌 문장이 우리말에 있습니다. 그래서 원하는 대로 다 해 줍니다. 손짓만 해도 부모는 얼른 몸을 움직여서 아이가 원하는 대로 해 주고 있지요. 평생 아이가 원하는 대로 손짓하나, 눈짓하나, 소리만 내어도 다 해 주고 싶습니다.

하지만 아이는 갓난아기인 채로 가만히 있지 않습니다. 자라면서 점점 배워야 합니다. 배우는 것에는 먹는 것과 입는 것, 그리고 씻는 것, 배우는 방법, 관계형성 등 모든 것을 포괄합니다. 이런 것들을 천천히 말로 가르치는 것이 아니라 보고 따라하면서 배우도록 도와주어야 합니다.

우리는 갓난아이가 '배우는 것'에 초점을 맞추기보다는, 귀엽고 사랑스러워서 무엇인가를 해주려고 합니다. 아기가 배움의 과정에 있다는 걸 간과한 채 주는 것에 집중합니다. 그렇기 때문에 이 아이들은 자신들도 남들에게 도움을 줄 수 있다는 것을 배우지 못한 채 받기만 할 줄 압니다. 그렇게 교육이 되어버린 거죠. 원하기만 하면 덩치 큰 어른이 무엇이든지 들어주는 '권력'을 가지게 된 것입니다.

동생이 태어나는 순간 이러한 무소불위의 권좌에서 내쳐진 기분이 듭니다. 나만 바라보던 엄마, 아빠가 갑자기 자기보다 더 어린 아기를 보고 어르고 달래며 행복해 하는 모습을 보는 것, 어떤 기분일까요? 세상의 모든 것을 빼앗긴 큰아이의 기분 상상이 가시나요?

그렇다고 다시 원하는 대로 다 해 주어야 한다는 건 아닙니다. 그 느낌, 그 참담한 기분을 이해하고서 대화를 해야 한다는 뜻입니다. 이런 마음은 '섭섭함'이란 것으로 엄마, 아빠도 알고 있는 감정입니다. 어린 아기의 감정이라고 쉽게 판단하고 시간이 지나면 없어질 것이라 생각하면 큰 오산입니다. 이 감정 싸움은 시간이 갈수록 치열해 집니다. 그래서 형제간 싸움은 부모 고민의 가장 큰 비중을 차지합니다. 한편 부모도 완벽한 사람이 아닌지라 알게 모르게 차별을 합니다. 갓난아이라, 첫 아이라, 엄마 말을 잘 들어서 등 여러 이유가 있지요. 우리는 부모이자 교육을 하는 사람입니다. 한 아이로 자연스럽게 흘러가는 마음을 조정할 줄 알아야 합니다. 한 아이에게 더 끌릴 수는 있지만 내색을 해서는 결코 안 됩니다.

이런 문제를 해결하는 완벽한 정답일 수는 없지만 우리가 해야 할 일은 있습니다. 가족이 서로 도와야 한다는 것이지요. 어릴 때 가족끼리 서로 도와야 하는 것을 배울 수 있다면 자연스럽게 가족 외의 사람들도 돕거나 배려해야 한다는 것을 배울 수 있습니다. 가족에게 기여하는 것을 단지 동생이 태어났을 때만 가르치려고 하니까 잘 먹히지 않는 것입니다. 동생이 태어나기 전, 아니 아이가 조금이라도 동작을 할 수 있을 때부터 가족의 소중함을 가르쳐야 합니다. 어리다고 마냥 받기만 하는 것이 아니라 부모에게 기여할 수 있다는 것을 알려야 합니다.

음식을 먹을 때 재미로 '아빠도 한입, 아' 이렇게 달라고 하는 것이 아니라, 가족끼리는 '나누어 먹어야 한다'는 것을 알려 주세요. 청소까지는 아니지만 자신의 물건을 정리해야 한다는 것을 배울 수 있게, 기어 다닐 때부터 두 손을 잡고 하는 '척'이라도 해 주는 것을 권합니다. 가벼운 물건을 치울 땐 엄마를 도와준다는 의미에서 함께 하도록 하세요. 작은 일이지만 아이는 가족의 일은 함께 하는 것이라는 걸 터득하게 됩니다.

원하는 대로 해 주던 엄마, 아빠가 갑자기 태어난 동생을 우선시 하면 아이는 견디지 못합니다. 하지만 가족이 아무 것도 할 수 없는 어린 아기를 돕는다는 개념으로 바뀌면 달라지겠지요. 언니니까, 오빠니까, 누나니까, 형이니까 무조건 동생을 챙겨야 한다는 어른들의 개념을 아이들은 받아들일 수가 없습니다. 아이 입장에서는 단지 한 명의 적이 나타났을 뿐입니다.

앞선 사례에서 아빠가 미처 알아차리지 못한 게 있지요. 아빠는 아기가 귀엽고 사랑스러우니까, 아기 물건이라 기저귀를 정리하는 것이 아니라 힘든 엄마의 일을 도와주는 것입니다. 출산한 지 얼마 안 된 엄마의 몸은 아직 정상으로 돌아오지 않았습니다. 작은 일이라도 산모에게는 힘든 노동이 될 수 있습니다. 그래서 엄마를 도와주고 있다는 사실을 아빠 스스로 인지하고 있어야 아이에게 알려줄 수 있습니다. 아이가 질투를 하고 떼를 쓰고 있는 것에 휘둘리고 있으면 정작 본인이 무엇을 하고 있는지 모릅니다. 그래서 아이의 비위를 맞추며 달래거나, 무시하거나, 화를 내거나, 혹은 엄마를 도와주는 일을 그만둘 수밖에 없게 되지요. 평소에 아이도 엄마를 도와주었다면 두세 살이라도 엄마의 상황을 이해하려고 합니다.

아이들이 엄마, 아빠를 돕는 것은 특별한 일이 아니라 상식적인 행동입니다. 이런 것을 자연스럽게 엄마, 아빠가 행동으로 보여주면서 가르쳐 나가야 합니다. 앞선 사례를 바꾸어 볼까요?

아빠! 싫어, 싫어.

우리 딸이 기분이 안 좋구나. 뭐가 싫은 것일까?

애기 싫어(기저귀를 집어 던진다).

우리 딸이 아빠가 애기 기저귀 정리하니까 기분이 나빠진 거야? 왜 기분이 나빠졌을까?

칫. 싫어 싫어!

근데 영주야. 잘 들어봐. 이 기저귀는 누구꺼야?

애기꺼잖아!

그래. 애기꺼야. 근데 애기가 기저귀를 찰 수 있을까?

아니야. 애기는 못해.

맞아. 아기는 아직 아주 어리니까 혼자서는 할 수가 없어. 그래서 애기는 누가 돌봐야 하지?

엄마가.

우리 영주가 잘 아는구나. 맞다. 엄마가 애기를 돌봐야 해. 근데, 엄마가 아기를 낳을 때도 힘이 들고, 아기를 낳고 난 다음에도 아직 몸이 아파. 우리 영주 태어날 때도 그랬어. 엄마가 몸이 아파 힘이 들기 때문에 그때도 아빠가 도와줬지. 엄마를. 민주 언니도 영주 태어났을 때 엄마를 많이 도와 드렸지.

…….

그중에 아기 기저귀 정리해야 하는 것도 있어. 그건 누가 해야 할까?

애기가 해야지 뭐.

하하. 맞다. 애기니까 애기가 해야지. 영주도 영주 장난감 정리하잖아. 근데. 애기는 지금 기저귀가 무언지도 몰라. 기저귀가 뭔지 알 때까지라도 우리가 도와줘야 할 것 같아.

……

영주 빨래도 엄마가 해 주시고, 밥도 엄마가 준비해 주시고. 책도 읽어 주시고. 와, 엄마가 영주를 많이 도와주고 있네. 영주야 어때?

맞어.

그래. 영주가 혼자 잘 할 수 있을 때까지. 엄마. 아빠가 도와줄거야. 그리고 엄마도 언니와 아빠를 도와주고 있고, 아빠도 언니도, 엄마도, 영주도, 아기도 도와줘야 해. 왜냐면 우리는 가족이니까.

가족은 도와줘야 해?

그럼. 혼자 할 수 있을 때까지 같이 도와줘야 하고, 그리고 엄마, 아빠처럼 어른이 되면 할 일이 점점 더 많아지니까 또 민주 언니, 영주도, 그리고 아기도 좀 더 커서 영주만해지면 엄마, 아빠를 도와줄 수 있을 거야. 그렇지?

나도 엄마, 아빠 도와줄 수 있어.

그래, 지금도 영주가 엄마 도와주고 있어. 엄마가 아기 젖을 먹일 때도 혼자 놀아주고, 아기도 예뻐해 주잖아. 기저귀 정리하는 것도 엄마가 해야 하는데 엄마 혼자서 힘이 드니까, 아빠가 지금 엄마 도와드리고 있는 거야.

나도 엄마 도와줄래.

그래? 영주도 엄마 힘든 걸 아는구나, 아빠랑 같이 해 볼까?

아빠부터 우선 자신의 행위에 대한 '개념'을 잘 정리해야 합니다. 또한 아이가 원하는 바를 잘 알아들어야 합니다. 그래야 대화가 됩니다. 아이가 떼를 쓴다고 아이만 나무라거나 아이에게 휘둘리지 않는 것이 아니라 '아이가 무엇인가를 배울 때가 되었구나' 하고 여유를 가지고 부부가 같이 의논해 보시면 좋은 방법을 찾을 수 있을 겁니다.

형제가 쉴새 없이 다툽니다

남자아이들이라서 그런지 형제가 정말 많이 싸웁니다. 어떻게 하면 좋을까요?

이 질문은 모든 부모교육에서 빠짐없이 듣는 질문입니다. 부모가 아이들로 인해 스트레스를 받는 1순위가 아닐까 합니다. 형이 동생을 못살게 굴기도 하고, 동생이 형에게 대들기도 합니다. 누나와 남동생이어도 그렇고, 오빠와 여동생 사이여도 그렇습니다. 아버지 교육에도 가장 많은 비중을 차지하는 질문이며, 어머니들만 만나는 교육에서도 같은 비중이죠.

이런 질문을 받으면 다시 질문을 합니다. "아이들이 몇 살인가요?"라고 말이죠.

보통 5~7세, 3~5세, 5~8세 등인데 심지어 5살과 11살짜리도 싸운다고 합니다. 장난감을 빼앗기지 않으려고도 싸우고, 먹을 것을 두고 서로 먹으려고 싸우고, 자기 물건에 손을 댔다고 싸우기도 합니다. 이럴 때 저는 꼭 이런 질문을 던집니다.

엄마랑 4살짜리와는 싸우지 않나요?

네?…… 아! 그러고 보니 저도 아이랑 싸우고 있네요.

하하, 왜 싸우세요?

그야 아이가 내 말을 안 들으니까요?

엄마, 아빠는 싸우지 않나요?

가끔 싸우죠. 말다툼을 하지요.

어른들은 왜 싸우나요?

그야 서로 생각이 다르니까요?

그럼 아이들은 왜 싸울까요?

아…… 서로 생각이 다르겠네요?

맞습니다. 부부가 싸우는 것도, 엄마가 아이랑 싸우는 것도 어쩌면 아주 자연스러운 일일 수 있습니다. 그런데 엄마가 화를 내고, 아이나 남편과 싸우는 것은 아이의 눈으로 볼 때 어떨지 생각해 보지 않습니다. 아이들은 부모는 화를 내고 싸우면서, 자신들에게는 화도 내지 말고 양보하라고 하는 말을 이해하지 못합니다. 아니, 어떻게 하는 것이 사이좋은 것인지를 모르고 있는지도 모릅니다. 이럴 때 엄마부터 먼저 '개념'을 명확히 하는 것이 좋습니다.

첫째, 아이들이 싸우는 것은 자연스러운 일이다.

둘째, 아이들이 싸우지 않는 것보다 싸우고 난 뒤 해결하는 방법을 배우는 것이 현명하게 지혜를 터득하는 일이다.

셋째, 아이들이 싸우고 해결하는 방법을 배우려면 부모부터 가족 내에서 갈등이 일어나고 난 뒤 대화로 해결하는 방법을 배워야 한다.

이 개념을 명확히 하면 부모가 감정에 휘말리지 않고 감정을 통제할 수 있습니다. 감정을 통제해야 상황통제가 가능하고 아이들에게 질문이 가능해집니다. 감정이 통제되면 다음의 개념도 생각해야 합니다.

첫째, 우리 가족은 순서의 개념이 있는가?

둘째, 나는 누구의 편을 들고 있는가?

셋째, 아이는 이 문제를 통해 무엇을 배울 수 있을까?

여기서 순서의 개념에는 여러 가지가 있습니다. 화를 내는 것이 우선인가, 어떤 일이 있었는지 아이들의 이야기를 들어주는 것이 우선인가? 부모가 판정을 내려주는 것이 먼저인가, 아이들의 해결방법을 듣는 것이 우선인가? 이것이 문제를 해결하는 순서의 개념입니다.

형제간에 순서의 개념을 평상시에 가르쳐두면 갈등이 일어날 때 해결하기 쉬울 뿐만 아니라, 어떤 문제가 생겼을 때 형제 혹은 남매가 힘을 합쳐 문제를 해결해 나가는 것을 볼 수가 있습니다. 형제간의 순서의 개념은 형이 먼저여야 한다는 것입니다. 서열이 우선이라기보다는 밥을 먹을 때 수저를 놓는 순서를 부모님, 형, 동생 이 순서를 지키도록 하고, 문제가 생겨 무슨 말을 할 때에는 항상 형이 먼저 이야기하도록 순서를 정해둡니다. 동생이 강력하게 문제를 제기하면 가족회의를 거치는 형식을 통해 동생에게 기회를 주는 방법도 있습니다. 어떤 의미냐 하면 형, 즉 맏이의 권위를 지켜주어야 합니다. 형의 권위를 지켜주면 권위를 가진 사람은 아랫사람을 챙기게 되어 있습니다.

형제가 싸울 때는 주로 근본적인 원인이 있습니다. 부모가 특히 한 아이를 예뻐할 때 반드시 이런 현상은 일어납니다. 형이 모범적이고 성적으로도 뛰어나면 형과 비교되는 동생을 은연중에 무시하기 시작합니다. 또는 맏이가 부모의 기대에 미치지 못할 때 상대적으로 어린 아기인 동생에게 기대가 가고 동생이 하는 일을 지지하기 시작합니다. 이렇게 되면 기고만장한 동생은 형을 무시하고, 억울한 형은 동생을 괴롭히기도 합니다.

보통 이런 질문을 하는 부모의 얼굴을 살펴보면 어느 한 아이에 대한 설명을 할 때는 눈부터 웃습니다. 저한테 이야기를 하기만 해도 그저 행복하다는 얼굴인데 다른 아이가 느끼는 박탈감은 어떨까요? 형제의 다툼이 아이 문제라고 생각하시겠지만 실제로는 부모의 문제입니다.

그래서 이런 말씀을 드리고 싶습니다. "열 손가락 깨물어 아픈 손가락 있다. 그러나 부모라는 존재는 그것을 표시내지 말아야 한다." 이것이 부모라면 반드시 가져야 할 개념입니다.

형제가 있을 때 타인은 자신들의 마음에 들거나, 말을 잘 듣거나, 잘생겼거나 등 온갖 이유를 대며 한 아이를 칭찬합니다. 남들은 그렇게 해도 부모는 그렇게 하면 안 됩니다. 저절로 마음이 가는 아이에게는 약간의 마음거리를 두고 엄함을 가져야 하며, 마음이 덜 가는 아이는 에너지를 써서 마음거리를 좁혀야 합니다. 그래야 두 아이가 받는 사랑의 마음거리가 비슷하게 여겨집니다. 그래야 억울한 마음이 쌓이지 않습니다. 평소에 억울함이 쌓여 있으면 약간의 계기만 있어도 폭발하기 마련입니다.

아이들의 반응은 부모의 자극에 의해 만들어집니다. 아이들이 가진 기질이 건강하게 자라지 않고 억울한 감정과 함께 왜곡되게 자라는 것입니다. 여기서 우리는 아이의 '반응'을 바꾸는 것이 아니라 부모로부터 가는 '자극'을 바꾸어야 합니다. 그럼 대화를 통해 한번 살펴보겠습니다.

엄마! 형아가 장난감 뺏어갔어.

아니거든? 얘가 내꺼 가져갔어.

무슨 문제가 생긴 것 같구나. 엄마가 무슨 일이 있었는지 한번 들어볼까?

형이 있잖아!

잠깐만, 먼저 형아 이야기부터 들어보자, 형아 이야기해 볼래?

제가요. 이걸로 로봇을 만들고 있었는데, 갑자기 진성이가 가져가 버렸어요.

음, 형아가 로봇을 만들고 있었는데 진성이가 가져갔다는 말이지? 그래 이제, 진성이 이야기도 들어보자.

형아한테 나도 해달라고 했는데 안 해줬잖아. 그래서 내가 가져갔는데 형이 뺏어갔어.

진성이가 형이 하는 걸 같이하고 싶었구나. 그런데 형이 같이 안 해줘서 진성이가 가져가 버렸고. 형도 화가 나서 진성이가 가지고 있는 것을 뺏어갔구나.

이제 다 만들어 가는데 진성이가 가져가 버렸어요.

저런, 이제 다 만들어 가는데 진성이가 가져가 버렸구나.
진성이는 형아가 다 만들어 가는 거 알았니?

아니, 몰랐어. 근데 형아는 나한테 안 시켜줘.

그래, 형아는 왜 진성이랑 같이 하지 않았을까?

이건 처음 해보는 거라, 저 혼자 해보고 나중에 진성이 가르
쳐 주려고 했어요. 진성이가 못 참은 거예요.

진성이랑 같이 해 보려고 한 거구나. 진성아 형아가 같이 하려
고 했대.

치!

그런데 진성이한테 그 이야기를 해 줬니. 기다리면 같이 할 수
있다고, 형아가 배워서 가르쳐 준다고 했었니?

아니요. 해 보고 잘 되면 가르쳐 주려고 했어요.

아, 그렇구나. 근데 진성이는 형아 마음을 몰랐겠는걸?
그래서 기다리다가 지쳤나봐, 형아 혼자 한다고 생각한 거 같
은데. 어떻게 하면 형아 마음을 알 수 있었을까?

제가 미리 진성이한테 이야기했어야 돼요.

그럼 이제 다시 이야기해 보면 어떨까?

진성아, 형아가 이제 다 만들었어. 자 봐, 멋있지?

응. 형아.

형아가 다 만들고 나서 가르쳐 주려고 했는데 미리 말 안 해

서 미안해, 이제 다 만들어서 완성했으니까 진성이랑 같이 해
볼까?

웅! 형아 나도 가르쳐줘.

우와, 형아 덕분에 진성이는 이 어려운 것을 빨리 배울 수 있
겠다. 진성이랑 같이 다 만들면 엄마한테도 자랑해줘, 그리고
우리 아빠한테도 자랑하자.

네!

장난감이나 물건을
잘 치우지 않습니다

가지고 논 장난감과 책을 치우라고 하는데 매번 대답만 합니다. 저는
화를 내게 되고, 어쩌면 좋을까요?

엄마랑 아빠는 아이의 행동에 화가 납니다. 화가 나는 이유는 치우지
않아서라기보다는 '약속을 했는데 왜 안 지킬까' 라는 부분이 더 큽니
다. 이렇게 약속을 안 지켜서는 커서 어떻게 될까 걱정이 되기도 합니다.

이런 고민을 하는 엄마, 아빠에게 자녀의 나이를 물어보면 5~7세 등
유아인 경우가 많습니다. 참 이상하지요. 5~7세의 다른 집 아이는 제 나
이로 보이고, 비슷한 문제가 생겼을 때 아직 어리니까 부모가 크게 화낼
일이 아니라고 말합니다. 아이들은 다 그렇다고 위로해 주지요. 그런데
막상 내 자식을 보면 달라집니다. 갑자기 중학생, 고등학생, 대학생 수준
의 인성을 요구하기 시작합니다.

여기서도 부모의 개념정립이 필요합니다. 치우는 게 엄마를 도와주는
일이기도 하지만, 그보다는 우선 좋은 습관을 기르는 것을 첫 번째 목표
로 하는 것이 좋습니다. "아이가 자기가 한 일은 자기가 정리하는 것을

배울 때이다. 왜냐하면 정돈을 잘 하면 점차 커가면서 자료정리나 계획적인 일을 할 때 많은 도움이 되기 때문이다."

먼 후일까지 도움이 되는 유아 때의 습관을 위해서 부모는 좀 긴 시간을 두고 함께 실천하는 것이 필요합니다. 이때의 질문법은 몇 가지 안 되니 연습을 통해 자연스럽게 질문이 나오도록 하면 좋습니다. 미처 약속을 하지 못하고 아이가 장난감을 가지고 놀고 난 후 정리를 하지 않을 때 화를 내기보다 부드러운 목소리로 이렇게 말해 보세요.

"장난감을 가지고 놀았는데 장난감이 자기 집에 들어가질 못했네. 우리 어떻게 장난감을 도와줄까?"

더 좋은 방법은 먼저 약속을 하는 것입니다. 단, 아이들은 한 번의 약속으로 행동을 수정하기가 힘이 듭니다. 장난감을 가지고 놀기 전에 규칙을 이야기해 주면 좋습니다.

🧓 지금부터 장난감을 가지고 놀 거야. 시작은 어떻게 하지?

🧒 장난감을 꺼내야 해요.

🧓 놀 때는 어떻게 할 건지 엄마한테 이야기해 줄래?

🧒 이걸 가지고 오늘은 딴 걸 만들어 볼 거예요. 어제는 자동차를 만들었으니 오늘은 로봇을 만들어 볼래요.

🧓 오늘은 다른 걸 만들어 보려고 하는구나. 좋아. 한번 기대해 볼게. 장난감을 가지고 놀고 난 후에는 어떻게 정리할 거야?

🧒 동생과 같이 놀다가 원래 자리에 갖다 놓을 거예요.

옳지. 잘 알고 있구나. 정리하다가 힘들면 엄마한테 이야기해.
엄마랑 같이 하자.

그리고 이런 방법도 있습니다. 장난감을 정리할 시간이 되면 퀴즈를
풀듯이 '이 친구 자리가 어디였을까?'라고 놀이처럼 말하는 시간을 잠
깐만 내면 아이들과 재미있게 장난감 정리를 할 수가 있습니다. 다음날
에는 '자리를 바꾸어 준다면 어떻게 바꾸어 주는 것이 좋을까?'라는 질
문으로 장난감 정리하는 것도 무작정 시키는 것이 아니라 아이디어를 통
해 정리하는 재미도 아이가 느낄 수 있습니다.

우리는 긴 시간 후를 대비해 아이들을 교육하고 있습니다. 긴 시간이
지난 후에 행동하지 않는 아이를 미리 내 눈앞에 소환해서 다 큰 아이를
야단치듯이 어린아이들을 혼내고 있습니다. 어떠한 경우에도 우리는 아
이들을 교육하는 것이지 혼내서 겁을 먹게 하는 때가 아닙니다. 이 개념
을 가지고 정리하는 습관이 몸에 밸 때까지 아이와 동행해 주는 것입니
다. 아이의 끈기보다 부모의 끈기가 더 필요합니다.

한글과 수학 공부는
어떻게 시키면 좋을까요?

7살 아들이 학교에 가려면 한글과 수학 연산은 좀 해야 하는데 하기
싫어해요. 막상 '싫으면 하지마'라고 말하면 하겠다고 해요.

고민이 많을 때입니다. 아이가 한글과 수학 공부를 해야 하는 이유에
관해 한번 엄마 스스로 질문을 해 볼 필요가 있습니다. 7살이니까 곧 초등
학교에 들어가려면 여러 가지 준비를 해야 한다고 생각합니다. 그리고 다
른 아이들에게 뒤처지면 아이의 자존감이 떨어질까 매우 걱정되기 시작합
니다. 조금이라도 스스로 하려고 하는 기색이라도 있으면 반가울 텐에 아
이도 하려고 마음을 먹었다가 또 막상 엄마와 해 보면 하기 싫기도 하고,
아이의 마음도 왔다갔다 입니다. 조바심이 많이 날 수밖에 없지요.

일단 아이가 글을 배우고, 연산을 배워야 하는 이유가 남들보다 뒤처
지지 않기 위해서라면 목표 설정이 잘못되었다 볼 수 있답니다. 책만 읽
힐 때는 성적이 보이지 않지만 막상 학습을 위해 문제집을 풀기 시작하
면 틀린 것이 있기 마련이고, 틀린 것이 반복되면 엄마는 스트레스를 받
기 시작합니다. 아이를 위해 시작한 공부인데, 아이를 위함은 사라지고
성적을 위함으로 바뀌게 되는 시점입니다. 이때를 주의해야 합니다.

시작할 때부터 성취감을 주는 것이 좋습니다. 이 성취감은 틀렸다 맞다가 중심이 되면 진짜 성취감을 맛볼 수가 없습니다. 무엇인가를 '알아간다는 성취감'을 주는 부모의 현명함이 필요합니다.

유대인들은 공부를 가르치기 전에 배움의 개념부터 가르칩니다. 너무나 쉽게 그 개념을 가르칩니다. '배운다는 것은 꿀처럼 아주 달콤한 것이란다.' 배움의 달콤함이라는 개념을 가르치기 위해 글자에 꿀을 발라서 달콤함을 맛보게 합니다. 유대인 교육이 전부 훌륭한 것은 아니지만 배운다는 것의 개념을 이렇게 가르친다는 것은 참 본받을 만합니다.

반면에 우리는 아이들에게 배움을 싫은 일로 생각하게 만듭니다. 왜냐하면 엄마가 시키기 때문에 하게 되고, 엄마의 걱정과 목표 때문에 억지로 공부해야 한다고 생각하게 되기 때문이죠. 대개 이런 일이 시작되는 것이 6~7세 때부터인데, 이 경우 위의 어머니가 겪은 현상들이 일어납니다. 아이와 엄마의 밀고 당기기 전쟁이 시작되는 것입니다.

학습을 꼭 학습지로 시킨다는 고정관념을 버렸으면 좋겠습니다. 학습지는 풀어야 할 진도가 있고 다 풀지 않으면 엄마의 스트레스로 쌓이기 마련입니다. 일단 돈이 나가는 것이고, 다른 아이들은 잘 풀지 않을까, 하는 비교의식 때문에 우리 아이가 많이 뒤처져 보입니다.

공부가 재미있다는 사실 하나만 가르칠 수 있다면 모든 것이 해결되지 않을까요. 배우는 것은 재미가 있다는 것, 세상을 배워가는 것이 재미있다는 것을 알게 하는 것이 공부의 시작이 아닐까 합니다. 재미있게 배우게 하려면 어떤 방법이 있을까, 라는 질문이 필요할 때입니다.

"아이에게 복종을 가르치면 안 된다……. 아이는 즐거워서든지, 자기에게 필요해서든지 당장 이득이 눈앞에 보이지 않으면 아무것도 배우지 못한다……. 아이가 현재 가진 관심이 배움의 가장 큰 동기이자 끝까지 이끌이 줄 유일한 동기다."

루소의 말입니다. 유대인들은 지금 행복하게 배우기 위해 꿀을 발라 글을 가르쳤습니다. 우리는 어떤 방법을 쓰면 좋을까요? 그동안 아이에게 눈앞의 이익과 보상을 주는 편리한 방법을 많이 썼습니다. 어릴 때는 잘 먹히는 방법이지만 크면 클수록 전혀 먹히지 않는 방법이고 도리어 부모와의 협상 카드를 아이 손에 쥐어주게 하는 최악의 결과까지 낳게 합니다.

이제 수학 공부를 위한 의견을 한번 제시해 보겠습니다. 즐겁고 재미있다는 것을 가르치기 위해서는 학습지가 공부의 유일한 수단이라는 것부터 배제했으면 합니다. 글을 가르치기 위해 아이가 좋아하는 주제나 좋아하는 동화책을 가지고 가르치면 금방 배웁니다. 동화책 한 권을 다 떼고 나면 모르는 글자가 없을 것입니다. 아이들은 참 희한하게도 좋아하는 책은 천 번, 만 번 읽어도 또 읽어달라고 합니다. 글을 배우기 참 좋은 도구입니다. 좋아하는 삽화도 들어있고, 다양한 캐릭터들이 있기 때문에 많은 질문을 통해 글 내용을 확장시킬 수도 있습니다. 좋아하는 책으로 글자를 배우면 유대인이 글자에 꿀을 바른 이상으로 훌륭한 성과를 거둘 수 있을 것입니다. 이 좋은 도구를 배제한 채 답을 강요하는 학습지를 통해 배운다면 틀리면 기분이 좋지 않는, 그야말로 입시 공부를 시작하게 되는 것입니다. 7살인데 입시공부라니요. 그야말로 공부를 '강요'하게 됩니다.

좋아하는 동화책도 있지만 아이가 특별히 좋아하는 것이 있을 테고, 좋아하는 사람도 있을 것입니다. 좋아하는 것이 동물일 수도 있고, 인형일 수도 있고, 운동일 수도 있고, 장난감일 수도 있습니다. 거기에 관련된 책이나 용어들을 가지고 놀이처럼 즐기는 겁니다. 좋아하는 것은 금방 배웁니다. 루소도 장담하지 않았습니까? 아이가 아빠를 좋아하면 아빠에 관련된 모든 것을 글자와 연결시켜 놀아보는 것입니다. '좋아하는 것은 글로 배울 수 있어'를 아이에게 가르쳐 나가는 것입니다. 글자를 배우고 싶게 해야 합니다. 우리의 고질병인 빨리 가르쳐야 남들에게 뒤떨어지지 않는다는 걱정, 쉽게 버릴 수 있습니다. 즐기면서, 재미있게 아이는 글을 배울 수 있습니다.

또한 숫자도 마찬가지입니다. 학습지로 수학을 가르쳐야 한다는 잘못된 고정관념을 바꿀 때가 되었습니다. 이 세상 만물은 수로 이루어져 있습니다. 우리 집 식구가 몇 사람인지, 숟가락은 몇 개를 식탁에 놓아야 하는지, 젓가락은 몇 개를 놓아야 하는지, 아빠가 일찍 들어오지 않는 날에는 숟가락을 몇 개 놓아야 하는지, 아빠가 오지 않는 날에는 숟가락을 평소보다 몇 개를 덜 놓는지, 좋아하는 장난감은 몇 개인지, 친구에게 하나 주고 나면 몇 개가 남는지.

아이들에게 숫자 공부가 재미있다는 것을 얼마든지 가르쳐 줄 수가 있습니다. 아이들에게는 일상의 모든 일들이 공부입니다. 아무리 훌륭한 이론이라도 자연의 모습, 현상, 사람들이 살아가는 모습, 사회적 현상들을 관찰한 것일 뿐이잖아요. 아이들이 주변을 관찰하고 그것에 대한 호기심을 깊고, 넓게 확장시켜가는 손맛을 보게 하는 것입니다.

민들레 꽃잎은 몇 개인지, 길가의 나무에 나뭇잎은 몇 개가 달렸는지, 이번 달에 해님이 환하게 웃은 날은 며칠인지, 비가 온 날은 며칠이나 되는지, 마당에 떨어지는 빗방울은 몇 개인지, 밤하늘의 별은 몇 개인지, 하늘의 구름의 모양은 몇 종류가 되는지. 숫자놀이는 끝없이 재미있습니다. 연산 위주의 학습지 풀이가 수학 공부라고 생각하는 순간 수학은 세상에서 가장 어려운 과목이 될 수 있습니다. 수포자는 이렇게 조바심에 보채는 부모가 아이에게 주는 나쁜 선물입니다. 이 신비로운 수학의 세계로 아이를 초대해 보십시오. 느긋하고 느린 방법들인 것 같지만 시간이 지나서 보면 가장 지름길이라는 것을 알게 될 겁니다.

엄마습관

화도 잘 내고, 돌아서서 미안해서 잘해주기도 합니다. 감정 기복이
심하고 일관성이 없는 제 자신이 싫습니다. 어쩌면 좋을까요?

사람의 성격을 다섯 가지 기질로 나눈 오행심리의 성격유형상 불의 기질이 많은 사람, 혹은 물의 기질의 많은 사람들, 그리고 물과 불의 기질이 같이 혼재된 사람도 감정기복이 심합니다. 또한 열등감이 심한 사람도 감정의 소용돌이가 클 수 있습니다. 하지만 감정기복이 심하다고 잘못된 것은 아닙니다. 감정은 사람이 가진 건강한 에너지입니다. 감정은 나만이 가지고 있는 나의 고유한 에너지라는 것을 자각한다면 그것에 휘둘리거나 장악당하지 않을 수 있을 것입니다. 열등감도 자세히 살펴보면 나쁜 것이 아닙니다. 하고 싶은데 하지 않는 자신에 대한 원망일 수 있으니 오히려 자신을 키워 나갈 강점으로 바꿀 수 있을 테지요.

먼저 감정이 언제 어떻게 일어나는지 한번 살펴보세요. 감정은 욕구를 통해서도 일어납니다. 내면의 욕구와 환경에서 얻을 수 있는 것과의 괴리감이 마음속에서 갈등을 일으키고 있을 수 있습니다. 욕구는 건강한 것입니다. 내가 원하는 것이 무엇인지 질문을 하면서 찾아봅니다. 그

리고 내가 원하는 바와 가로막고 있는 것이 무엇인지도 찾아보면 나의 모습을 객관적으로 볼 수 있습니다. 그것을 위해 할 수 있는 것과, 준비할 수 있는 것, 계획을 세울 수 있는 것 등을 찬찬히 살펴보면 나의 내적으로 일어나는 감정의 변화를 감지할 수 있습니다.

그러므로 내가 화를 내는 것은 아이의 행동이나 말이 원인이 아닐 수 있습니다. 나의 욕구를 분별하고 아이를 관찰할 수 있으면 감정은 또 다른 건강한 삶의 활력소가 될 수 있습니다. 감정의 기복이 심해서 일관성이 없는 것은 단조롭거나 변화가 없는 일상이 맞지 않은 것일 수 있습니다. 반복되는 일상에 변화를 줄 수 있는 직관의 힘을 가질 수 있는 강점이라는 것을 확인할 필요가 있습니다.

> # 금방 피곤해져서 아이와
> # 아무것도 하고 싶지 않아요
>
> 체력이 약해 뭐든지 빨리 끝내고 쉬고 싶습니다. 아이에게 미안합니다.
> 저는 늘 지쳐있고 바쁜 엄마입니다. 아이에게 눈을 돌릴 여유가 없어요.

체력이 강한 사람은 정말 부럽습니다. 에너지도 넘치고 아이들과 책을 읽어주거나, 이야기를 하거나, 산책을 하거나, 산에 가거나, 운동장에 가거나, 여행을 가거나, 지치지 않고 재미있는 거리들을 아이들과 함께 합니다.

반면 체력이 부족한 사람은 바람만 조금 쐬어도 지칩니다. 아침에 일찍 일어나도 몸이 개운하지가 않고 신경을 조금만 써도 벌써 체력이 바닥인 느낌을 받습니다. 그래서 뭔가 새로 시작하는 것이 겁나고, 그렇다 보니 아이들에게 자주 책을 읽어 줘야겠다고 다짐하고는 한번 시도만 해 보고 맙니다. 다음에 읽어 줄게, 라며 미루기가 쉽지요. 이럴 경우에는 휴대폰의 동영상이나 애니메이션을 보여주거나, TV를 보여주는 등 엄마에게서 오랫동안 아이들을 떼어놓는 상황에 노출되도록 만들 수 있습니다.

우선 죄책감에서부터 벗어나세요. 체력이 약한 것은 나의 탓이 아닙니다. 기본적으로 체력이 약한 사람들이 있습니다. 남들과 같을 필요는 없으니 약한 체력을 보완하는 지혜로운 방법을 찾아야 합니다. 운동을 하면 좋습니다. 하지만 이것도 어려운 일입니다. 체력이 약한 사람은 밖으로 나가는 것조차 힘이 들고 지속하지 못할 거라는 두려움 때문에 시도가 어렵습니다. 그래서 이런 질문을 받을 때마다 이런 의견을 드려봅니다.

아침에 일어날 때 아이를 유치원에 보낼 때만 행복 에너지를 채우고, 보내고 나면 일단 '쉰다'. 이때 잠을 자는 것도 좋습니다. 대신 시간을 정해야 합니다. 오전 내내 잠을 자면 몸은 더 쳐지고 기력을 잃어버립니다. 30분이나 길어도 1시간 정도면 좋겠지요. 직장맘이라면 이런 시간이 없으니 더 힘들 수 있습니다.

운동을 하려면 산책 정도가 좋습니다. 가볍게 동네나 공원 한 바퀴도는 기분전환 정도의 운동을 지속하면 체력을 회복하는데 많은 도움이됩니다. 체력이 약한 사람은 스트레스에도 취약합니다. 바꾸어 말하면 스트레스를 잘 이겨내면 체력 회복은 쉬울 수 있다는 말이 됩니다. 체력이 약한 사람은 먹는 것을 게을리 할 확률이 높습니다. 입맛이 없다는 소리를 잘 하고, 간식을 먹지 않습니다. 체력을 회복하거나 단련시킬 어떤 행동도 하지 않는다는 말이 되겠지요.

그래서 쉬운 제안을 합니다. 식사시간을 꼭 챙기고 거르지 않습니다. 아이들이 오기 전에 반드시 조금의 밥을 먹거나 약간 단 음식을 먹는 등 에너지를 채우는 잠깐의 시간을 마련합니다. 아이가 와서 같이 먹는다는 고전적인 생각을 버려도 됩니다. 빵이든, 과자든, 과일이든, 아이스크림이든 '엄마 먼저' 챙겨 먹습니다. 배가 고프기 전에 무엇인가를 먹는 것이 좋습니다. 그러면 체력이 방전되지 않기 때문에 어린이집에도 돌아오는 아이들을 챙길 수 있는 여유가 있습니다.

그리고 쉬는 시간이 없었다면 아이들이 집에 왔을 때 피곤에 지쳐 있으면 아이들에게 잠깐의 양해를 구하고 10분이나 20분쯤 살짝 잠을 자고 나오는 것도 좋습니다. 먹는 것을 잊으면 안 됩니다.

별것 아닌 것 같지만 식사 전 약간의 든든함을 채워두는 것은 약한 체력의 사람에게는 현명한 방법입니다. 배가 고파서 밥을 먹게 되면 나른해 지면서 더 지칠 수 있습니다. 여하튼 자신의 체력을 잘 살펴서 체력이 방전이 되도록 방치하지 않아야 합니다.

> # 기다려 줘야 한다는 것은 잘 알지만 자꾸 재촉하게 됩니다.
>
> 아이에게 화내거나 닦달하지 말고 기다려 줘야 한다는 사실을 머리로는 이해하는데 행동이 안 돼요.

"참지 말고 기다려줍시다." 교육 중 이런 말을 자주 합니다. 그랬더니 위와 같은 질문을 해 주셨습니다. 자꾸 재촉하는 것은 현재 우리의 문화와도 밀접한 관계가 있습니다. 꼭 엄마의 성격만 탓할 수 없습니다. 뭔가 늦으면 손해 보는 것 같고, 내 것만 제외당하는 것이 아닌가 걱정이 되고, 억울한 일이 생기지 않을까. 사회가 우리에게 주는 불안감이 많습니다.

기다리며 살면 손해라는 느낌이 들 때가 있습니다. 실제로 돌이켜 보면 크게 당하고 살고 있지 않습니다. 심리적으로 그렇게 불안감이 조성되어 있을 뿐입니다. 그래서 크게 심호흡을 하고 마음의 여유를 가지는 것이 필요합니다. "더 좋은 일이 생길거야. 뭔가 기분 좋은 일이 생길 것 같아"라고 말이죠.

이런 주문을 마음속으로 외워 보는 것은 어떨까요? 저는 조금 힘든 일이 생기면 이렇게 마음속으로 혹은 입 밖으로 그렇게 말하곤 합니다.

곤란한 일이 있었지만 하루가 지나면 곤란했기 때문에 더 좋은 일이 생기는 경우가 참 많았습니다. 사회가 주는 불안에 좌지우지되지 않는 것, 스스로에게 질문을 해 보면 이런 불안을 통제할 수도 있답니다.

이런 점도 염두하세요. 엄마가 시키는 대로 바로 하면 아이의 생각은 없다는 뜻이 됩니다. '자극과 반응 사이에는 간격이 있다'라는 빅터 프랑클 박사의 유명한 말이 있습니다. 자극과 반응이 동시에 일어나면 생각을 통한 선택권이 없다는 소리가 되겠지요.

아이의 생각과 선택이 중요합니다. 엄마가 시키는 대로 하면 자기주도성을 잃어버립니다. 시키기보다는 부탁하기, 그래서 아이의 생각을 들어봅니다. 기다린다는 것은 아이의 생각을 관찰한다는 소리입니다.

대화에서든, 학습에서든 시작은 관찰입니다. 아이를 관찰하지 않고 내 생각만을 강요하면 엄마에게 물어보지 않고는 아무것도 할 수 없는 아이가 됩니다. 유아 때는 '엄마가 시키는 대로 하면 좋겠다'이지만 초등학교에 들어가면 엄마의 바람은 '제발 알아서 했으면 좋겠다'입니다. 알아서 하는 것 또한 연습을 통해서 가능해 집니다. 그래서 '기다리기'가 필요합니다. 부모가 기다리는 시간은 매우 중요합니다. 아이가 생각하고 아이가 경험하는 시간이기 때문입니다. 참으면 재촉하게 됩니다. 스스로에게 질문해 보세요. 참고 있는가? 기다리고 있는가? 기다리는 사람은 결과에 대해서도 설레는 마음으로 즐기고 있답니다.

제가 시키는 대로 아이가 하지 않으면 짜증이 나요

아이가 내 말을 듣지 않으면 짜증이 나고 아이에게 화를 내게 됩니다.
뒤늦게 후회하곤 하는데 어떻게 조절할 수 있을까요?

많이 듣는 질문입니다. 화를 내는 이유가 아이가 잘못해서가 아니라 '엄마 말을 준수하지 않았다'는 것이지요. 아이는 엄마 말을 기억하지 못합니다. 엄마가 '다시는 그렇게 하지마', '동생 잘 챙겨'라는 말들을 하지만 아이는 그 말의 의미를 잘 이해하지 못합니다. 게다가 어른들은 화를 낼 때 많은 말들을 쏟아 냅니다. 아이는 엄마가 무슨 말을 했는지는 모르고 화를 내고 무서웠다는 감정만 기억합니다. 아이들은 눈앞에 일어나거나, 보이는 것에 집중하지 혼난 사건에 대해 '그렇게 하지 말아야지'라는 건 없습니다.

결론은 아이들은 내 말을 이해하지 못했습니다. 또한 아이들에게 화가 나는 이유는 내 말을 듣지 않아서 나를 무시한다고 생각되는 엄마의 감정과 판단 때문입니다. 아이들은 절대로 엄마를 무시하지 않으며 겁을 내고 있을 뿐입니다. 그리고 아이가 좋아하는 일에 집중하기만 할 뿐이지요. 하나의 답은 있습니다. 아이는 엄마를 무시하지 않는다는 것. 그것만 알면 화가 조금 가라앉습니다.

　내가 무시당하는 감정, 화내는 것이 우선이 아니라 아이가 지금 어떤 생각을 하고 어떤 행동을 했는지 그 아이의 생각을 물어보는 것이 우선입니다. 아이가 엄마와의 대화를 통해 드는 생각을 기억하게 해야 합니다.　아이가 생각하고 상황을 정리해서 말로 표현할 수 있으면 훨씬 기억하기가 쉽습니다.

　나에게 먼저 질문해 보세요. 화를 내는 것이 우선일까? 아이에게 물어보는 것이 우선일까? 짧은 시간, 이 질문만으로도 감정을 통제할 수 있습니다.

　더 짧은 질문으로는 "화낼까? 물어볼까?"라고 스스로에게 물어 보세요. 질문은 부모인 내가 나에게 해 보는 것으로 시작한다는 것을 기억해 주세요.

엄마인 제가 잠이 너무 많아요

잠이 많아서 아이들을 아침에 깨우는 것도 힘이 들고, 밤에 책을 읽어 달라고 하는 것도 귀찮습니다. 어떻게 하면 좋을까요?

잠이 많은 것이 크게 나쁘다고 생각하지 않습니다. 저도 약한 체력이라 체력을 강하게 하기보다는 잠으로 대체를 했습니다. 아이들이 어릴 때요. 지금 후회하는 부분입니다.

그래서 저는 이런 제안을 합니다. 아이들을 할 수 없이 키우는 것이 아니라 우리가 시간과 돈과 사랑을 투자하고 있다고 생각하는 것입니다. 어린 시절의 시간은 어른의 시간보다 훨씬 더 중요한 의미를 가지고 있습니다. 아이들의 몸에 밴 습관은 성인이 되어서도 많은 영향을 미치기 때문입니다. 그래서 아이들이 어릴 때 우리가 과감히 돈으로 환산하지 못하는 시간을 아이들에게 투자한다고 생각하면 어떨까, 합니다.

어릴 때 일찍 일어나는 습관을 잘 만들어 주면 체력에 상관없이 아이들의 좋은 습관으로 정착시킬 수가 있습니다. 그래서 일찍 일어나서 활기차게 행복한 아침 시간을 보내고, 아이들과 남편의 출근 후 쉬는 시간을 가지면 어떨까 하는 것입니다.

한 어머니가 저의 교육을 들은 후 이런 체험을 말씀해 주셨습니다.

> 그때 어린이집 부모교육에서 시간을 투자하라고 하셨잖아요. 체력이
> 약해 아침에 잠이 많은 저는 그 말씀을 듣고 남편과 의논을 했습니
> 다. 일주일에 3일은 아침에 일찍 일어나겠다고요. 그리고 도와달라고
> 했습니다. 그랬더니 남편은 3일보다 4일 정도하고 3일을 쉬는 것이 좋
> 겠다고 했습니다. 그래야 훨씬 더 습관화되기 쉬울 것 같다고 했습니
> 다. 남편의 말을 따르기로 했고 아침에 일찍 일어나기 위해 교회의 새
> 벽기도에 참여하기로 했습니다.
>
> 5시 새벽기도에 참석을 하고 하루일과에 대한 기도를 한 후 집에 와
> 서 가족을 위해 맛있는 식사를 준비했습니다. 전에는 가족이 함께
> 식사하지 못했습니다. 가족 4명이 같이 밥을 먹으니 할 이야기도 많
> 아지고 아이들도 자연스럽게 일찍 일어나서 어린이집 등교 준비에도
> 여유가 많아졌습니다. 아침부터 우리 가족이 행복해졌습니다.
>
> 낮에도 어린이집에서 돌아오는 아이와 작은 공원에서 산책을 하고
> 집으로 돌아옵니다. 체력이 점점 강해지는 것을 느낍니다. 지속적으
> 로 교육을 받아야겠다는 생각이 듭니다. 고맙습니다.

사실 이 이야기를 들으면서 어머니의 얼굴을 보니 활짝 빛나고 아름다
웠습니다. 그리고 감사하고 부러웠습니다. 쉽게 실천할 수 있는 일도 아
니었거니와 아침마다 행복한 가족은 하루 종일 행복할 것임을 알고 있기

때문에 부러웠습니다. 제 아이들이 어렸을 적에 제가 시도조차 해보지 못한 일이기에 더욱 더 그렇겠죠. 이런 아름답고 소중한 이야기들이 자꾸 퍼지고 있습니다. 작은 일들이 행복을 지속시킵니다. 시도와 연습은 모든 것을 가능하게 합니다.

> # 공부하자, 혹은 책을 읽어 달라고 하는데 정작 제가 규칙적이지 않아요
>
> 아이들은 저와 책을 읽고 공부하고 싶어 하는데, 정작 제가 제대로 실천하지 못해요.

체력이 되더라도 부모가 습관이 안 되어 있으면 규칙적으로 뭔가를 지속하기 어렵습니다. 엄마부터 습관을 만들어야 합니다. 작은 것부터 시작해 범위를 넓혀 가세요. 목표를 정할 때에는 세 가지가 함께 해야 실천 가능합니다.

기간, 구체적인 일, 그리고 점검입니다. 실행할 기간을 정하고 시간을 정하는 데 길게 잡으면 안됩니다. 처음 시도하는 일이기 때문에 일주일 정도가 적합합니다.

'일주일 동안 매일 8시부터 8시 30분까지 나는 아이들에게 책을 읽어 주겠다.' 이 정도로 가볍게 시작해야 합니다. '일주일 동안 화를 내지 않고 동화를 읽어 주겠다. 6시반부터 7시까지 같이 공부하겠다.' 이렇게 정해 보세요.

거창한 계획은 세우지 않아도 됩니다. 이때 중요한 것이 시작이 반이라는 우리 속담입니다.

좋은 엄마가 되겠다, 우리 아이를 영재로 만들겠다, '인서울'을 목표로 하겠다, 라는 거창하고 너무나 먼 미래의 일을 목표로 정하면 금방 지칩니다. 실천하지 못하고 달성을 못했다는 자책감에 괴로워질 뿐입니다.

일주일 목표를 정하고 모두 실천하지 못해도 실천한 며칠을 성공경험으로 만들고 다음 주에 다시 도전합니다. 그렇게 일주일씩 한 달을 해 봅니다. 어느 정도 몸에 익습니다. 그러면 한 달을 지속하는 걸로 목표달성 기간을 좀 더 늘립니다. 한 달, 세 달, 여섯 달만 지속할 수 있으면 습관으로 체화됩니다.

그렇게 한 다음 조금씩 다른 것들도 추가해 봅니다. 아이와 산책하기, 도서관 투어하기 등 하나씩 익숙해지면 다른 것을 시도하는 것이 좋습니다.

우리는 자녀교육에 관련된 책을 읽거나 교육을 받고 나면 잘 할 수 있을 것 같아 우리의 모든 것을 한 번에 바꾸려고 합니다. 그렇게 하면 실패할 확률이 당연히 높습니다. 조금씩 바꿔야 하며, 그 과정에서 잘 하고 있는지 코칭해 줄 사람이 있으면 성공할 확률은 높습니다. 잔소리가 되면 안되겠지요.

갑자기 훌륭하거나 좋은 부모가 될 필요가 없습니다. 지금 있는 그대로 말만 바꾸어도 이미 성공입니다. 행동을 바꾸는 것은 그 다음 시도해도 됩니다. 시도를 하더라도 실천할 수 있는 것을 짧은 기간 안에 하도록 계획을 잡으면 성공확률은 엄청 높아질 것입니다.

> # 자꾸 아이의 잘못을
> # 지적하고 꾸중하게 됩니다
>
> 아이가 잘 하는 것도 많은데 항상 부족한 면만 눈에 띕니다. 칭찬을
> 많이 하는 상냥한 엄마가 되고 싶은데, 아이의 기를 죽여요.

앞에서 나온 질문과 반복되는 부분이 있습니다. 화내는 엄마, 감정이 컨트롤되지 않는 엄마, 일관성이 없다고 하는 엄마들이 하는 질문입니다. 이런 경우에는 아래와 같은 질문을 드리고 싶습니다. 개념코칭에서 중요하게 다루는 부분입니다. 일단은 저 문장에 대한 질문을 만들어 볼까요? 그러면 엄마의 의도를 알 수가 있겠지요.

칭찬은 어떤 것을 해 주고 싶은 것일까요?

칭찬이 무엇일까요?

상냥한 엄마란 어떤 모습일까요?

친절한 모습은 어떤 것일까요?

왜 상냥하고 친절해야 할까요?

아이를 자꾸 지적하는 이유가 무엇일까요?

기죽는 것을 알면서도 지적하는 이유는요?

주로 어떤 것을 지적하시나요?

하루에 몇 번 정도 지적을 하시나요?

칭찬할 것이 많은가요? 지적할 것이 많은가요?

다른 집 아이도 지적을 하시나요?

지적을 하면 어떤 것을 지적하시나요?

지적을 안 하신다면 그 이유는 무엇일까요?

나는 지적을 받으면 어떤 느낌이 들까요?

매일 지적을 받으면 어떨까요?

잘한 것도 지적을 받으면 내 기분은 어떨까요?

지적을 받으면 그 다음에는 잘할까요? 눈치를 볼까요?

아이에게 하는 지적이 나에게 적용된다면 단 하루도 살아있다는 기분이 들지 않을 겁니다. 세상을 배우면서 호기심을 가지고 도전을 해야 하는 어린 아이들에게 '지적'이란 네가 한 일을 스스로 돌아보고 확인하라는 의미보다는 잘못한 것을 머리와 마음속에 각인시키는 역할을 해서 감정으로 쌓이게 만듭니다. 감시를 당하는 느낌 속에 살게 됩니다. 그래서 지적을 자주 받으면 아무것도 할 수 없는 상태로 멍하게 되어버리기도 합니다. 어쩌면 학습장애도 그렇게 지적을 받음으로 해서 나타나는 심리적 장애가 아닌가 합니다.

모든 것을 거두절미하고 하나의 질문으로 해답을 찾아보겠습니다. 아니, 두 가지 질문을 하겠습니다.

나에게 가장 소중한, 내가 인정받고 싶은 사람에게 매일 지적을 받으면 어떤 기분으로 살아갈까요?

다른 사람들에게는 지적을 하지 않는데 유독 나의 아이들, 남편에게 지적을 많이 하는 이유는 무엇일까요?

이것은 순서의 개념에 속하는 것입니다. 내 아이가 소중한가? 옆집 아이가 소중한가? 답은 뻔합니다. 어느 누구도 옆집아이가 소중하다고 하지 않았습니다. 모두가 내 아이가 소중하다고 했습니다. 그런데 그 소중한 아이에게는 친절하지 않고 지적만 하고 덜 소중한 옆집아이는 친절하게 대하며 칭찬도 잘합니다.

많은 분들이 욕심 때문이라고 했습니다. 욕심 때문이 아니라고 저는 말씀드리고 싶네요. 진짜 나에게 소중한 것을 몸과 마음으로 정하지 않았기 때문입니다. 막연히 사랑하고 소중하다고 생각하는 것입니다. 진짜 소중하다고 생각하고 진짜 사랑한다면 이해할 수 있을 것입니다. 이해를 하면 기다려주고 격려가 가능합니다.

집에 귀한 보석이 있다면 어떻게 하실까요? 애지중지하며 바라보는 눈빛이 다를 겁니다. 값으로 따져서 귀한 것인줄 알기 때문입니다. 내 아이들은, 내 가족은 값으로 따진다면 아마 천문학적인 가치를 가진 사람들일 것입니다. 그 가치를 모르고 늘 옆에 있으니 흔하다고 착각하면서 살고 있는 것이지요.

빨리 그 소중함과 사랑스러움을 발견해야 합니다. 어디에서 발견하느냐, 자신의 마음속에서 찾아내야 해요. 이미 우리는 알고 있고, 감사함과 사랑으로 충만해 있음을, 그것이 간직되어 있음을 알고 찾아보십시오.

《논어》에 '애지욕기생愛之欲基生'이라고 했습니다. 사랑이라고 하는 것은 살고자 하게 하는 것이다. 나는 아이를 살리고 있나요? 한 번 더 질문을 해 보세요. 누가 소중하나요?

> # 엄마의 기분에 따라 아이를
> # 대하는 방식이 달라집니다
>
> 평소 같으면 웃으면서 얘기했을 일인데 아이에게 퉁명스럽게 대하고
> 있는 저를 발견하곤 깜짝 놀랐습니다.

메타인지라는 것이 있습니다. 나를 바라보는 또 다른 눈을 말합니다. 내가 나를 관찰하는 것이지요. 나의 감정을 정확하게 관찰하고 파악할 수 있으면 아이들에게 큰 영향을 주지 않을 수 있습니다. 나의 감정에 정직하게 반응을 하고 표현을 하면 됩니다. 그런데 우리는 감정을 표현하는 것에 익숙하지 않기 때문에 약간의 자극에도 과도하게 반응을 하거나 깊이 간직해서 저장해 버립니다.

잘 표현되는 감정들은 자신들의 자산이 됩니다. 기분이라고 표현하는 것을 질문을 통해 객관화하면 어떨까요? 그리고 어떻게 나의 자산으로 만들 수 있을지도 고민하면 좋겠습니다.

기분이 무엇일까?

나는 언제 기분이 좋을까?

기분이 좋다는 것은 무엇일까?

기분이 좋을 때는 어떤 행동을 할까?

기분이 좋을 때는 아이들에게 어떻게 대하고 있을까?

나를 기분 좋게 하는 일은 무엇이 있을까?

기분이 나쁘다는 것은 어떤 상태를 말할까?

어떨 때 나는 기분이 나쁠까?

기분이 나쁘면 나의 표정은 어떻게 될까?

기분이 나쁜 것을 어떻게 표현하고 있을까?

기분이 나쁠 때는 아이들에게 어떻게 행동하고 있을까?

기분이 나쁜 나의 모습을 아이들은 어떻게 생각하고 있을까?

내가 기분이 나쁠 때 아이들의 태도는 어떻게 바뀌고 있을까?

이렇게 많은 질문을 가지고 나를 관찰하면 나의 기분이 나의 행동과 태도를 컨트롤하는 것이 아니라 감정과 태도 또한 내가 선택을 할 수 있습니다. 그래서 기분이 좋다고 마음껏 허용해 주는 것이 아니라 앞서는 마음을 제지하고 평상시와 똑같은 규칙을 부여할 수 있습니다. 기분이 나쁘다고 마음껏 화를 내고 아이들에게 제지를 하는 것이 아니라 아이들은 똑같은 규칙하에 할 수 있는 과제 등을 하게 하고, 엄마의 기분이 왜 안 좋은지 이야기를 하고 이럴 때는 어떻게 하면 좋은지 아이들에게 조언을 구하는 것도 좋습니다.

기분이 좋지 않다는 것을 인정하지 않기 때문에 내면에 가득 찬 감정에 휘둘리게 됩니다. 하지만 인정을 하고 나면 남편에게 쉽게 도움을 청

할 수가 있고, 아이들에게도 '엄마가 잠깐 힘드니까 조금만 쉬고 나올게' 라고 30분 정도 눈을 감고 있거나 휴식을 취하면서 회복하는 시간을 가질 수 있습니다.

좋다고 감정이 앞서도 안 되고, 나쁘다고 감정이 나를 조정하게 두어서도 안 됩니다. 감정이 나의 자산이 되도록 질문을 해 보길 권합니다. 이 방법을 터득하게 되면 감정을 컨트롤하는 방법을 아이들에게 자연스럽게 가르칠 수 있습니다. 문제를 해결하는 엄마의 지혜는 아이들에게 그대로 전해진답니다.

엄마들의 로망이 혼자 있는 시간입니다. 제게 교육을 받으러 오신 어머니, 아버지들이 교육에 오셔서 가장 기분 좋은 점이 무엇인지 질문하면 거의 백퍼센트 이렇게 대답하십니다.

"교육을 받으러 온 지금이 자유의 시간입니다. 무조건 좋습니다."

아이들로부터 해방되어 있는 시간은 누구나 좋아하는 듯합니다. 그러니 혼자 있는 시간이 좋다고 해서 뭔가 죄책감을 느끼거나, 내가 아이들을 싫어하는 건 아닐까 등의 의미를 부여하지 않았으면 합니다. 오히려 질문을 통해 혼자 있는 시간이 왜 좋은지 살펴보았으면 합니다. 그것이 나에 대해 더 잘 알 수 있는 길이기도 하고, 궁극적으로 자녀에게도 더 좋은 영향을 끼칠 수 있는 길이기도 하니까요.

혼자만의 시간이 충분히 행복하다면 혼자 있을 수 있는 시간을 잠깐이라도 만드세요. 그냥 '좋다'에서 좀 더 제대로 즐길 수 있도록 만드는 것도 좋습니다. 요즈음 젊은 부부들은 서로 육아에 대한 관심이 많으니

제가 아는 한 엄마는 일요일 아침을 조조영화 보는 시간으로 남편에게 선물 받더군요. 도서관에 간다든지, 카페에서 책을 읽는다든지, 다양한 방법으로 좀 더 혼자만의 시간을 의미 있게 즐기면 어떨까 싶습니다. 그래서 에너지를 충전한 다음 다시 육아의 시간으로 돌아간다면 아이들을 돌보는 시간도 효율적으로 쓸 수 있을 것입니다.

여기서 잠깐, 나는 혼자인 시간이 좋지만 아이들에게는 엄마와 함께 있는 시간이 좋다는 것이 우리가 알아야 할 개념이란 것은 기억해 주세요.

　육아의 걸림돌 중의 하나가 부부간에 서로 소통이 되지 않는 것입니
다. 소통이 되지 않으면 부부가 서로의 잘못을 지적하거나 다른 집과 비
교하면서 문제를 서로의 탓으로 돌릴 수 있습니다.

　참으로 곤란하고 힘이 안 납니다. 자녀교육은 아무리 해도 엄마의 입
장에서는 끝이 없는 일처럼 여겨지고, 잘하고 있는지 걱정이 되고, 나 때
문에 아이가 잘못되고 있는 건 아닌지 늘 두렵습니다. 그런 심리가 늘 괴
롭히고 있는데 남편으로부터 지지를 받지 못하면 자신감이 사라지고 불
안해집니다. 불안감은 아이에게 화를 내는 것으로 표출될 수 있습니다.
결국 아이도 불안해지겠지요. 부부의 대화가 필요합니다

　판단하지 말고 물어보기.
　남편이 원하는 아이의 모습은 어떤 것인지.
　남편이 바라는 엄마, 부인의 모습은 어떤 것인지.

부부간 대화는 준비되지 않으면 대화를 시도하다가 서로 잘못을 지적하면서 네 탓, 내 탓으로 끝나 버리는 경우가 많습니다. 평소에 대화가 어느 정도 되고 있고, 부부간의 신뢰가 있는 집은 바로 이렇게 질문으로 대화를 시도해도 괜찮지만 서로 불신이 많은 부부간에는 어렵다는 소리입니다. 이럴 경우에는 부모교육이나 상담 등을 통해서 어떻게 대화를 시도하면 좋을지 도움을 받는 것도 좋습니다. 딱히 어떤 큰 문제가 있어서라기보다는 좀 더 현명하고 지속할 수 있도록 멘토를 만난다는 가벼운 기분이 좋을 듯 합니다.

남편이 육아를 하는 부분 중 잘하고 있는 부분을 과하게 칭찬하세요. 그리고 남편 덕분에 아이들이 잘 자라고 있다고 감사의 인사를 하는 것을 잊지 마세요. 감사하는 마음이 전달되면 남편도 나를 돌아볼 여유가 생깁니다. 칭찬을 해야 칭찬을 받을 수 있습니다.

당장 도움을 받지 못한다면 남편의 기분이나 생각을 판단하지 말고 물어보고 이야기하세요. 겁내지 말고 남편에게 도움을 청하고, 전부를 바꾸려고 하지 말고 우선 할 수 있는 한 가지를 실천하기 위해 기간을 정해 시도하기를 권합니다. 가끔 남편과 대화하면서 잘 하고 있는지 관찰해서 지지해 달라고 부탁을 하는 것입니다. 사실 이 방법이 가장 기본적이지만, 쉽고도 어려우면서 전부를 해결할 수 있는 방법입니다.

엄마와 아이습관

요즈음 제 얼굴이 어둡거나 웃지 않고 있으면 저에게 다가와서 "엄마 나 때문에 기분이 안 좋아? 나 때문에 그래?" 라고 물어봅니다.

"너 때문이 아니라고, 피곤해서 혹은 다른 생각 중이었다고 해요. 처음에는 아이가 저를 챙겨주는 것 같아 기뻤는데, 한편으로 아이가 제 눈치를 보는 것 같아 걱정입니다."

이 질문을 한 어머니는 2학기 동안 저에게 부모교육을 받고 있는 상황이었습니다. 이 어머니는 카리스마가 있는 강한 성격입니다. 밖에서는 일처리나 상황관리 능력이 뛰어나고 관계성도 좋습니다. 하지만 강한 성격의 어머니일수록 아이들에게도 시키는 대로 군말 없이 따르도록 요구할 확률이 높습니다. 아이들은 엄마가 화를 낼 때는 엄마의 말에 복종하지만 곧 엄마가 원하지 않는 행동을 하게 됩니다. 왜냐하면 아이들은 과거 혼났을 때 무서운 감정은 있지만 혼나는 이유를 모릅니다. 그래서 엄마가 원치 않는 행동을 되풀이 합니다.

아이들을 혼내지 않고 그 행동을 하게 된 이유에 대해 같이 이야기를 하면 아이는 해야 될 일과 하지 말아야 될 일을 구분할 수 있습니다. 무작정 화를 내면 아이들은 엄마가 화난 이유를 알고 싶기보다는 겁에 질려있어서 겁이라는 감정주머니를 더 키우고 있을 뿐입니다.

이 어머니는 자신의 이런 행동을 돌이켜보고 아이들의 이야기를 들어주기 시작했습니다. 아이들이 무엇을 깨트리더라도 엄마가 게임처럼 받아주고 아이들의 행동들을 이야기로 다루기 시작하면서 아이들과 행복한 시간들을 보내고 있다고 했습니다. 이 사례는 그러던 중 발견한 아이의 행동입니다. 별일 아닌 것 같지만 어쩌면 굉장히 중요한 일일 수 있습니다.

아이는 사건을 기억하기보다는 감정을 기억합니다. 엄마가 달라지면 아이들의 행동이 달라지는 것은 당연합니다. 하지만 아이들이 무의식이나 의식에 기억되어 있는 것은 사건이 아니라 감정입니다. 엄마가 예전과는 다르게 이야기를 들어주고 질문도 하고 밝은 표정으로 모든 것을 포용해 주지만 엄마의 굳어진 얼굴을 보면 예전의 감정이 떠오르는 겁니다. 순식간에 떠오르지요. 하지만 엄마가 요즈음은 내 얘기를 많이 들어주니 겁에 질려 가만히 있는 대신 엄마에게 질문 할 수 있는 용기가 생기게 된 것이 아닐까 합니다.

아이에게 여전히 그때의 감정들이 잔재해 있으므로 괜찮다고 넘어가기보다는 드러내서 다루는 것이 좋습니다. 아이가 먼저 문제를 제기한 것이나 다름 없기 때문이고, 또한 아이의 말에서 이미 아이가 가진 문제를 해결할 수 있는 실마리를 찾을 수 있게 되었으니까요. 다음과 같이 질문으로 해결을 시도해 보길 권했습니다.

😀 호준아, 엄마 얼굴 표정이 어떤지 설명해 줄래? 엄마는 거울을 안 봐서 어떤 얼굴인지 몰랐어.

🙂 엄마 얼굴이 무서워요, 화가 난 것 같아요.

😀 그랬구나. 무서운 얼굴이었어? 그래서 화났다고 생각했어?

🙂 네.

😀 그럼 엄마가 무섭게 화날 때 이런 얼굴이었군. 음. 호준이가 한 번 무서운 얼굴 그려주면 좋겠다.

🙂 한 번 그려 볼까요?

😀 그래. 화난 얼굴도 그려주고, 호준이가 좋아하는 엄마 얼굴도 그려줄래?

🙂 네(그림을 그린다).

😀 언제 엄마가 화냈는지도 이야기해 줄래?

🙂 엄마 말을 안들을 때요. 약속 안 지킬 때요.

😀 그랬구나. 그럴 때 엄마가 화를 내고 무서운 얼굴을 했군. 엄마 말을 안들을 때는 언제였어?

🙂 동생한테 양보하라고 했는데 양보 안할 때요. 근데 나는 양보했는데 걔가 자꾸 떼를 쓰는데 엄마가 저를 혼냈어요.

😀 아! 호준이는 양보를 했는데 동생이 자꾸 더 떼를 쓰고 우니까 엄마는 호준이 에게 물어보지도 않고 화내고 혼냈구나.

🙂 (울먹이며)네.

우리 호준이가 무섭기도 하고 억울하기도 했겠다.

네. 많이 속상했어요.

우리 호준이가 얼마나 무섭고 속상했는지 엄마 이제 알겠다. 엄마가 이런 표정이면 그때 생각이 나는구나.

네. 저 때문에 엄마가 무서운 얼굴 하는 거 싫어요.

알았어. 그때 호준이 마음 몰라준 거 정말 미안해(안아준다). 우리 호준이가 억울하고 속상한 거 많이 참았구나. 그런데 엄마는 오늘 호준이가 엄마 얼굴 표정보고 '나 때문이야'라고 물어봐 준거는 정말 잘했다고 생각해. 물어보니까 호준이 때문에 화나는 거 아니란 거 알았지?

응, 나 때문이 아니고 엄마가 피곤해서 그렇죠.

그래, 호준이도 엄마한테 물어보고, 엄마도 호준이한테 먼저 무슨 일이 있었는지 물어볼게. 우리 둘 다 그렇게 하기로 하자. 그럼 잘못 생각하는 일도 없을 거야.

네!

그럼 엄마가 이렇게 예쁜 얼굴을 할 때는 언젠지 물어볼까?

엄마가 요리할 때요.

또?

동화책 읽어줄 때요. 음 그리고 우리랑 여행갈 때요. 엄마가 꽃을 볼 때요.

아이는 엄마가 행복한 얼굴을 할 때에 대해 무척 많은 이야기를 할 것입니다. 아이가 기억하는 몇 되지 않는 나쁜 기억은 감정만 잘 다루어주면 금방 회복이 가능합니다. 왜냐하면 행복한 이야기들이 더 많이 쌓이기 때문이지요. 아이가 행복한 이야기를 많이 하도록 도와주어야 합니다. 아이들이 가진 행복한 이야기들이 그 아이가 가진 나쁜 기억도 쉽게 치유해 줄 수 있습니다.

> ## 지나치게 남을 배려하고 혼자서 스트레스를 받고 끙끙 앓아요
>
> 여섯 살 큰아이는 너무 착하다고 할까요? 남에게 피해주기 싫어 마음 표현을 참고 본인이 감당하는데, 그래서 스트레스를 받는 것 같아요.

이 아이는 치과에서 아파도 꾹 참다 급성경련까지 왔다고 합니다. 엄마의 고민이 크지요. 질문의 핵심이 무엇인지 다시 한 번 질문을 해야겠어요. 착하다는 것이 걱정인지, 마음표현을 못하는 것이 걱정인지, 생각을 깊게 하는 것이 걱정인지, 스트레스를 덜 받는 방법을 찾는 건지, 질문이 모호합니다만 이 문제를 해결하는 데는 하나의 질문을 다시 찾는 것이 좋겠습니다. '아이가 마음표현을 하도록 도와줄 수 있을까요?' 라고 말입니다. 문제해결에 초점을 맞추기보다는 문제의 원인이 무엇인가를 찾는 것이 우선입니다.

아이가 마음표현을 못하는 이유가 무엇일까요? 이 문제로 어머니와 많은 대화를 나누지 못하고 질문만 받은 상황이라 어떤 이유인지 아직 잘 모릅니다. 질문만 받았지만 한번 이야기로 풀어볼까요?

여섯 살 아이가 남에게 피해주기 싫어서 마음표현을 못한다는 말을 다시 한 번 불러내 볼까요? 남에게 피해를 준다는 말은 무슨 뜻일까요?

혹시 어머니가 남에게 피해준다는 사실을 좀 더 아이에게 강하게 주지시키지는 않았는지 질문드리고 싶습니다. 종종 엄마들은 도덕성을 키우기 위해서 무조건 양보하고, 배려하고, 참도록 가르치곤 합니다. 그런데 이런 아이들이 막상 바깥에서 잘 참고, 배려를 많이 하면 어쩐지 우리 어머니들은 그로 인한 스트레스를 받습니다.

먼저 어머니의 도덕성을 한번 점검해 보세요. 남들 눈을 지나치게 의식하고 있는 것은 아닌지, 아이에게 은연중에 '하지마' 소리를 한 것은 아닌지 원인을 먼저 찾아보세요. 원인보다 해결방법에 더 치중하고 있으면 해답은 없다고 볼 수 있습니다. 남의 눈을 의식해서 참는 것이 아니라 '예의 있게 요구하기' 이것을 아이와 미션을 한 번 진행해 보면 어떨까 합니다. 지나치게 예의 바르게 키우려는 것이 아이가 점차 자라면서 자기욕구를 표현하는 것을 방해하는 요인으로 작용합니다. 물론 예의 있게 요구한다고 뭐든 다 들어준다는 것은 아니랍니다.

남들에게 피해를 주는 상황이 어떤 것인지를 아이들과 이야기를 해보면 좋겠습니다. 피해를 주는 것이 아님에도 피해를 주는 것처럼 착각할 때도 많이 있습니다. 치과에서도 잘 참는 아이라면 엄마와 대화도 잘될 것 같습니다. 언제나 말씀드리지만 아이의 마음을 짐작해서 판단하는 것은 금물입니다.

남자아이인데 공주인형을 참 좋아합니다.
일부러 안 사주는데 괜찮을까요?

놀고 싶은 만큼 놀면 싫증나서 안 놀거라 하는데 정말 이대로 둬도 되는지, 이러다 너무 여성적으로 자랄까 고민입니다.

아이들마다, 어머님들마다, 가정마다 특별한 케이스들이기 때문에 하나의 답이 모든 사람들에게 답이 될 수는 없습니다. 이 가정은 누나들이 이미 대학생, 고등학생이고 아이는 7세인데 남자아이입니다. 누나들과 있어서 공주인형을 좋아할 수도 있다는 판단 역시 금물입니다. 이 아이의 어머니는 매우 아름다우신 분입니다. 나이가 전혀 들지 않아 보이시는 그야말로 공주님이라고 해도 될 만큼 말투며 행동까지 우아한 분이십니다. 게다가 아주 늦둥이다보니 엄마가 이 아이를 사랑하는 강도는 보지 않아도 눈에 선합니다.

남자아이가 공주인형을 가지고 놀면 지나치게 여성스러워지지 않을까 걱정이 들 수는 있습니다. 한 번 더 상황을 살펴보면 엄마와 공주를 동일시 할 수 있습니다. 그래서 특별히 좋아할 수는 있습니다. 누나들만 있어서 여성스럽다는 것은 요즈음 시대에는 별로 적용되지 않을 수 있습니다. 남녀의 역할이 예전처럼 크게 구분되거나, 놀이가 구분되는 건 아니거든요. 게다가 이 아이는 누나들과 나이 차이가 커서 공주인형을 가지고 놀 누나들이 아닙니다. 다만 누나들도 예쁘다는 것은 변수가 될 수 있습니다.

엄마와 공주가 동일시 될 수 있는 이 가정의 특수한 상황에서 아이를 남자다운 쪽으로 유도하기보다, 오히려 이를 활용해서 공주가 주인공인 책을 가지고 다양하게 이용할 수 있습니다.

첫 번째, 아이가 좋아하는 내용이니 글자공부에 무척 도움이 됩니다. 좋아하는 것은 빨리 배우고 싶어 하거든요. 아마 통째로 외워도 다 외울 것 같습니다.

두 번째, 공주동화에는 다양한 그림들이 많습니다. 등장인물과 나무, 꽃 등 숫자로 바꿀 수 있는 것들이 많습니다. 주인공을 넣기도 하고 사라지게도 해서 덧셈과 뺄셈의 개념을 가르칠 수 있을 것입니다. 숫자를 이렇게 가르치면 개념과 함께 받아들이기 때문에 나중에 직접적인 연산을 하더라도 개념적용이 되어서 수학이 쉬워집니다.

세 번째, 책을 있는 그대로 읽는 것이 아니라 공주에서 왕자로 주인공을 바꾸어 보기도 하고, 백설공주라면 난장이를 주인공으로 바꾸어서 이야기를 해 보아도 됩니다. 그리고 백설공주가 '사과를 먹지 않았다면?'처럼 가정을 통해 이야기를 마음껏 변형하도록 합니다. 상상력이 많이 발휘되고 호기심을 통해서 새로운 이야기도 만들어 낼 것입니다. 바꾼 내용을 통해 주인공들의 심리가 어떻게 변할지도 이야기를 하면 인성교육도 쉬워집니다. 마지막으로 역사적으로 공주들이 존재할 수 있는 국가의 정치형태 등을 알아볼 수도 있습니다. 절대군주의 시대 공주가 왕이 된 경우를 찾아보고 그 왕의 업적을 알아보면서 역사공부를 하기도 쉽습니다.

하나를 좋아한다는 것은 단순히 그 하나에 머물지 않습니다. 하나를 더 자세히 알아보고, 거기에서 연결을 하면 얼마든지 확장된 개념을 가지고 많은 이야기를 찾아 아이들과 재미있게 공부를 할 수 있습니다. 학습지를 통한 학습보다 훨씬 더 폭넓은 세계를 경험하는 학습이 될 수 있을 겁니다.

무엇인가를 특별하게 좋아하면 그것은 아이에게 매우 좋은 공부 기회를 가질 수 있게 해 줍니다. 걱정이라기보다 고마운 경우라는 게 더 맞는 말일 것입니다.

> # 아이가 상상한 이야기를 진짜라고 우깁니다. 어떻게 대처하죠?
>
> 요즘 들어 윤하가 상상해서 이야기를 해요. 이야기를 들려주기도 하고 상상해서 한 이야기를 진짜처럼 맞다고 우길 때도 있고요.

엄마 입장에서 아이의 상상력을 해치거나, 아이에게 상처를 줄까봐 함부로 말도 못하는 상황입니다. 이런 경우 엄마는 무척 걱정이 됩니다. 경험으로 보면 상상력이 풍부하고 말도 많은 아이들에게 일어나는 현상들이었습니다. 여기에 하나의 변수가 있었는데, 엄마가 지나치게 엄격하거나, 조용한 어머니이셔서 아이의 이야기를 다 받아주지 않고 무시하거나 귀찮아서 대충 받아주는 경우에도 이런 아이들이 있었습니다.

아이가 어릴 때는 모든 것이 큰 문제가 되지 않습니다. 그래서 엄마가 편한 대로 아이들로부터 오는 자극을 엄마식대로 반응을 합니다. 아주 어릴 때는 신경쓰지 않습니다. 그러나 6~7세가 되고 아이가 학교에 들어가야 하는데 아이들이 이런 행동을 하면 갑자기 걱정이 되기 시작합니다. 그래서 아이에게 문제가 있다고 생각할 수밖에 없지요. 아이들은 부모들 자극과, 아이들에게서 오는 자극에 대한 부모의 반응으로 자랍니다. 이를 테면 분재를 키울 때 소나무가 마음대로 크도록 두는 것보다

철사로 구부리거나 조정해서 보는 사람이 보기 좋도록 만드는 것과 같습니다. 우리가 보기에는 좋지만 소나무에게도 좋을까요?

지나간 과거를 한탄하기보다는 지금 어떻게 도와줄까에 대한 질문을 자신에게 해 봅시다. 먼저 아이의 이야기를 판단하지 말고 들어주는 연습하기. 이것은 맞고 저것은 틀리다, 이건 거짓말인데, 라는 편견 없이 우선은 들어주는 것입니다. 일주일쯤 충분히 들어주고 나면 아이의 마음이 편해질 것입니다. 내 이야기를 엄마가 들어 주는구나, 라고 말이죠. 그 다음에는 아이가 한 재미있는 이야기를 엄마랑 같이 적어 보는 것입니다. 아이가 글을 완전히 떼지 않았다면 어머니께서 도와주시면 되고요. 그렇게 윤하의 이야기를 적어서 작은 책이라도 한 권 만들어 보세요. 컬러로 인쇄해서 스프링노트로 만들어 한 권씩 모아 보세요.

그리고 주변에서 실제 일어난 이야기와 상상이 결합해서 만들어지는 윤하의 작품을 감상하세요. 말로만 하면 실제 일어난 이야기가 아니어서 거짓말이라는 생각이 들지만 글로 옮겨놓으면 훌륭한 창작품이 된답니다.

그리고 윤하와 함께 실제와 상상 구분하기를 해 보는 것입니다. 처음부터 거짓말이라는 걱정에 사로잡혀서 아이의 이야기를 막으면 아이의 독특한 '강점'을 버리는 것과 같습니다.

아이의 거짓말을 상상력으로 다루어 주는 엄마, 그것을 인정해 주는 엄마, 작품으로 만들어 주는 엄마. 그리고 실제와 상상을 분리시켜 주는 엄마, 그렇게 할 수 있었으면 합니다.

아이의 좋은 습관을 위해
자꾸 '딜' 하는 습관이 있어요

아이에게 자꾸 보상을 내걸면서 제가 원하는 대로 행동하게 합니다.
분명히 아이에게 안 좋은 영향을 끼칠 텐데 어떻게 고치죠?

  잘못된 것이라는 것을 알면서도 손쉬운 방법이기 때문에 엄마들이 많이 사용하는 방법입니다. 아이 교육에 가장 쉬운 방법은 무조건 받아주거나, 해 달라는 것을 다 해 주거나, 잘하면 선물로 보상을 주거나 하는 것들입니다. 우리가 가진 무기는 돈이나 집안에서의 권력입니다. 어린아이들에게 해 줄 수 있는 것을 힘으로 과시해서 복종하게 하는 방법을 많이 씁니다. 그런데 이 방법은 집 밖으로 나가면 전혀 통하지 않는 방법입니다.

  너무 쉬운 방법이기 때문에 의도하지 않아도 대다수 부모들이 그냥 쓰는 방법입니다. 아이들의 시간은 짧습니다. 유아기도 키울 때는 매우 긴 것 같지만 긴 인생으로 보았을 때 매우 짧은 시간입니다. 이 짧은 시간에 만들어진 습관이 평생을 좌지우지 합니다.

  그런데 이 짧은 시간에 손쉬운 방법인 잘 하면 뭘 해준다고 했을 때 어릴 때는 아이들에 대한 보상이 아이들에게는 큰 것이지만 어른의 생각에는 아주 작은 것입니다. 보상을 통해 습관이 길러진 아이들은 성장하면서 자신의 생각이 커지는 만큼 보상을 요구합니다. 자신의 생각이 커지면 "내가 이거 하면 뭐해 줄래요"라는 소리를 쉽게 합니다. 매사 보상과 연결된 협상을 아이들이 먼저 하기 시작합니다. 처음에는 부모가 협상을 시작했지만 아이들은 이것을 자신들의 방법으로 바꾸어 버립니다. 이때부터 속수무책이 됩니다. 스마트 폰, 게임기, 게임머니 등 요구 수준이 우리의 상식을 뛰어넘은 것으로 발전하게 됩니다. 이 모든 것이 어릴 때 보상을 조건으로 아이들에게 요구하는 습관교육 때문일 수 있습니다.

보상을 위해 습관을 들이면 보상이 없어지면 하지 않는다는 소리와도 같습니다. 좋은 습관은 그 아이의 일생을 가꾸어갈 가장 큰 자산입니다. 이 자산을 너무 손쉽게 만들다보니 사상누각이 될 수 있습니다. 손쉬운 방법이라는 것은 부모의 습관대로 간다는 것을 의미합니다. 조금 어렵고 시간이 걸리더라도 엄마와 아이가 질문과 대화를 해 가면서 천천히, 천천히 친절하고 단호하게 만들어 가는 것이 좋겠습니다. 그러면 평생 쓸 수 있는 단단한 그 아이만의 보호막이 될 것이며 강점이 될 것입니다.

질·문·교·육·체·험·담

아이들의 이야기가
들리는 엄마

마음근육을 쫄깃하게

부모되기에 꼭 필요한 작업이
마음근육을 쫄깃쫄깃하게입니다.
이 표현은 저의 부모교육에 빠지지 않는 말입니다.

부모가 되면 항상 마음이 불안합니다. 아이가 조금만 잘못된 행동을 하면 부모, 특히 엄마인 내 탓 같기도 하고, 또 외부의 조그만 자극에도 우리아이가 피해를 보지 않을까 화들짝 놀랍니다.

내 탓이라면 내 행동을 지금부터 바꾸어 가면 됩니다. 외부의 자극에 대해서는 놀라서 당황하기보다는 아이와 함께 이겨나가는 기회로 삼아가는 것입니다. 하나씩 아이와 함께 배워간다는 이 신선한 자극, 그것을 즐기려면 마음근육이 탄력을 가져야 합니다. 자식을 키우는 우리는 마음의 탄력성을 신으로 이미 부여받았습니다. 자꾸 써야 튼튼해집니다.

엄마, 여기 개미가 있어요

경주시 박제현

질문하고 이야기하는 수업을 받기 전
까지 저는 잘 싸우는 두 아이 틈에서 화
를 잘 내는 엄마였습니다. 알고 있는 것
과 실천하는 것과는 매우 다르게 알고
있는 것을 실천하지 못하는 저에게 더
화가 났는지도 모릅니다. 아이들을 발견
해주기, 기다려 주기, 물어주기, 아이의 생각 들어주기, 그리고 끝까
지 아이의 마음을 알아주기. 몇 가지의 단계가 한꺼번에 일어나기는
하지만 이런 것들이 가능해졌습니다. 아이들의 이야기를 들어주기
시작하자 두 아이의 싸움이 없어졌으며 6살 된 오빠가 3살 된 동생
에게 책을 읽어주기도 하는 모습이 되었습니다. 그 후 셋째가 태어
나고서는 세 아이는 서로 도와주고 서로 챙겨주면서 가끔 다투기도
하는 예쁜 아이들의 모습으로 되돌아왔습니다. 질문하기, 기다려주
기, 아이 이야기 따라가기는 아이들의 이야기가 들리는 엄마로 탈바
꿈하는 계기가 되었습니다. 제가 개념코칭 공부를 하고 난 후 지금
은 다섯 살이지만 세 살 때 아이의 이야기를 들려드리겠습니다.

🧒 엄마 여기 개미가 있어요.

👩 그렇네. 개미가 있었구나. 개미가 여기서 뭘 하고 있을까?

🧒 어? 엄마. 개미가 시소에 올라가요. 시소가 타고 싶었나봐요. 엄마 근데 이거 애기 개미가 아니예요. 아빠 개미에요.

👩 응. 아빠 개미같니?

🧒 네. 애기 개미는 어디 갔지요?

👩 그러게 애기 개미는 어디에 갔을까?

🧒 애기 개미는 엄마랑 집에 있고 아빠 개미는 태희랑 놀고 싶어서 놀이터 왔나봐요. 태희가 아빠 개미 시소 태워주고 신나게 놀거에요. 엄마 다음에 아빠도 같이 와서 놀면 좋겠어요.

👩 그래? 그럼 오늘 저녁에 아빠 오시면 태희랑 놀아달라고 얘기해 볼까?

늘 회사일로 바쁜 아빠와 놀고 싶어하는 아이의 마음까지 알 수 있어서 참 뭉클한 날이었습니다. 아이들이 하는 말은 듣는 둥 건성으로 응, 이라고 대답했던 과거와 많이 달라졌습니다. 아주 간단한 질문이었는데 아이는 자기의 이야기를 연결해 가고 마음 깊숙한 곳에 자리했던 아빠에 대한 그리움까지 드러내었습니다. 세 살 아이와의 대화가 이런 기쁨을 주는 것을 몰랐습니다. 아이의 눈으로 세상 바라보기를 할 수 있게 되어 삶의 큰 선물이라고 생각합니다.

누가 우산을 가져갔을까?

경주시 김선향

아파트 문 앞에 세워두었던 땡땡이 무늬가 있는 아이들 우산을 잃어버렸습니다. 우산을 잃어버린 후 아이들이 하는 이야기를 가만히 들어보았습니다. 엄마인 제가 질문수업을 받고 있는지라 아이들의 이야기를 잘 들으려고 노력하고 있는 중이었습니다. 그리고 아이들에게도 질문으로 대화하는 습관을 조금씩 들이려고 하고 있는데 놀라운 일들이 벌어졌습니다.

> 누가 가져갔나봐. 도둑이 들고 갔나?
>
> 오빠 무섭다. 그치?
>
> 내가 제일 좋아하는 우산이었는데……

평소 같으면 제대로 집안에 갖다 놓지 않았다고 혼내주는 엄마였지요. 이제는 아이들의 이야기에 귀를 기울이는 엄마가 되려고 합니다. 그래서 아이들과 질문 만들기를 해 보기로 했지요.

정말 몰래 가져갔을까?

만약 몰래 가져간 게 아니라면 어떻게 없어졌을까?

혹시 말하지 않고 빌려 간 것이 아닐까?

다른 사람이 기분 나쁘지 않게 우리의 이야기를 전달할 수 있는 방법은 어떤 게 있을까?

아이들이 선택한 방법은 편지를 써서 아파트 문 앞에 붙이는 것이었습니다.

〈찾습니다〉 편지를 붙이면서 "못 찾아도 이제 괜찮아"했던 아이들입니다. 나름 무엇인가를 결정하고 행동했다는 것만으로도 뿌듯해 했습니다. 그런데 3일 후 "엄마 대박이야!" 하면서 아이들이 달려 들어왔습니다.

문 앞에 편지와 함께 과자가 들어있었습니다.

"예쁜 우산 사용해서 미안해! 예쁜 공주님 맛나게 먹어요."

아이들은 신이 나서 "감사합니다 편지를 써야겠어"라고 곧 편지를 쓰기 시작했습니다.

　살짝만 물어봐 주고 아이들이 얘기하고 아이들이 하자는 대로 따라만 갔는데 신기하고 감동입니다. 아이들끼리 문제를 해결할 수가 있고, 세상을 살아가는 현명함을 배워갈 수 있다는 것에 시키고 나무라는 엄마에서 질문하는 엄마로 변화하고 있습니다.

아침에 스스로 일어나기

포항시 신향미

아침에 기분 좋게 일어나기에 도전해 보았습니다. 교육 중에 들었던 '인디언 할아버지 손자 아침 일찍 깨우기'에서 영감을 얻어 7살 막내에게 적용했더니 정말 기분 좋게 일어나서 아침식사 잘 하고 벌써 어린이집에 갔습니다. 참 신기합니다.

어젯밤 잠자리에서 "내일 아침 엄마랑 같이 먹었으면 좋겠다. 어떻게 하면 기분 좋게 일어나서 아침을 같이 먹을 수 있을까? 방법을 생각해 보자"했더니 '한겸아 아침먹자' 이렇게 말해 달라고 하더군요. 아이 말대로 아침에 기분 좋게 '한겸아 아침먹자'라고 했더니 얼른 일어나네요. 스스로 일어났다는 것과, 자신과의 약속을 지켰다는 것이 아이에게도 기분 좋은 아침이 된 것 같습니다. 꾸준히 될 수 있도록 바라는 마음이고 교육을 받은 데로 아이가 지속하는 것이 아니라 엄마인 제가 지속할 수 있도록 응원해 주세요.

아! 더 중요한 사실은 아이 혼자 식사를 했다는 사실입니다. 그동안은 조금씩은 도와줘야 다 먹었는데 오늘은 혼자 먹었습니다. 스스로 할 수 있는 아이였는데 그동안 너무 친절한 엄마였다는 것을 실감하고 있습니다. 친절이 교육을 망친다. 그동안 받은 교육의 의미를 다시 돌이켜 볼 수 있었습니다.

　아이에게 방법을 물어보는 질문하기, 아주 간단한 것인데 아이가 제대로 하지 않는다고 판단하고 혼자 다 해주려고만 했던 엄마! 저의 모습을 발견한 것도 큰 공부가 되는 시간이었습니다.

괴롭힌다는 것은 뭘까?

포항시 박미숙

저는 교육을 마치고 3일 만에 아이들 만났어요. 6살 큰아이에게 엄마가 없어서 힘들었을 때 있었냐고 물어보니 아플 때 엄마가 없어서 힘들었고, 사촌 형들이 괴롭힐 때 두 가지라고 하더군요.

다른 때였으면 형들이 괴롭혀서 속상했구나, 하고 달랬을 텐데 교육을 받은 다음이라 자연스레 '질문으로 대화'가 시작되었습니다.

'형들이 괴롭혔구나. 근데 지윤아, 형아들이 괴롭히는 건 어떤거야?'라고 물어보았습니다. 뜻밖에 지윤이는 이런 말을 했습니다. 형아들이 자기만 두고 먼저 가 버린 일이라네요. 아이의 마음을 누구보다도 더 잘 안다고 생각했는 데 이런 일에도 동상이몽이었다는 것을 알게 되었습니다. 우리가 쓰는 단어와 아이들이 쓰는 단어는 속뜻이 참 다르다는걸 다시 한번 깨달으며 아이의 생각을 판단하지 않기를 깨닫네요.

내가 규칙을 정해도 될까?

어제는 운동장에 가서 조카들이랑 우리집 큰아들까지 남자아이 셋이서 농구를 하겠답니다. 그래서 교육에서 배운대로 규칙을 아이들이 정하도록 해보았습니다. 아이들이 이야기하면서 잘 정하더라고요.

　순서를 어떻게 정할 것인지.

　5점 먼저 내는 사람이 이기기.

　너무 멀리 간 공은 어떻게 할 건지.

　어디에 서서 공을 던질 것인지.

　나이가 다르다보니 던지는 자리를 조금씩 다르게 하고 의견이 다르면 다수로 정하기.

　게임 전에 아이들끼리 규칙을 정하니 게임이 훨씬 수월하게 진행되고 얼굴 붉힐 일이 없었습니다. 일어날 수 있는 문제에 대한 변수를 미리 생각하는 아이들. 이렇게 현명할 수 있는지 새삼 혀를 내두릅니다.

규칙을 지키지 않으면 어떻게 될까?

　생각보다 많은 부분에서 아이들의 의도를 추측하고 왜곡하고 있다는걸 깨닫는 하루였습니다. 아이들과 종이컵 놀이를 하면서 규칙을 같이 정해서 시작했는데. 우리집 큰아들 6살 지윤이가 2번 규칙을 지키지 않았습니다. 그리고 정리는 제일 잘 했고요. 게임이 다 끝나고 나서 7살인 조카가 지윤이에게 '지윤이가 오늘 제일 잘 못했네'라고 놀림을 살짝 섞은 말투로 이야기했습니다. 예전 같았으면 제가 그냥 지윤이에게 "괜찮아" 하고 몇 마디 이야기해 주고 넘어갔을 텐데요. 오늘은 지윤이에게 형의 말을 듣고 기분이 어떤지 물어봤습니다. 지윤이는 시무룩하게 기분이 좋지 않다고 이야기를 했습니다. 그래서 '도은이 형아가 왜 그렇게 말했는지 형아한테 한번 물어보는 게 어때?'라고 했죠.

6살 지윤이가 아주 기어가는 목소리로 물어보니 7살 도은이가 말하길, 게임할 때 마지막 정리는 잘했지만 게임할 때 이렇게 한 번, 저렇게 한 번, 규칙을 지키지 않았기 때문에 잘 못했다고 이야기했다고 지윤이에게 말해주더라고요. 그러고나서 지윤이에게 형의 말을 알아들었는지 물어보았습니다. 그리고 다음에는 어떻게 할 건지도 물어보았습니다. 게임할 때 규칙을 지키고 다른 사람이 할 때는 방해하지 않고 봐야 한다고 이야기하네요.

그동안 저의 습관은 지윤이가 친구와의 놀이에서 속상한 일이 생길 때는 늘 엄마가 설명해 주고 다음에는 그렇게 하지 말자고 했는데 6살인 지윤이가 직접 물어보고 어떻게 해야 할 건지도 알아가는 과정을 보니 대견하고 기다려주는 엄마가 된 제가 뿌듯하기도 했습니다.

길이가 무엇일까?

울주군 김민정

재량휴업일에 큰아이와 가까운 산으로 갑니다. 요즘 수학에 길이 재기를 배운다고 해서 같이 알아보려고요. 그리고 작은아이와도 함께 해 보았습니다.

학습에는 개념이 중요하고 수학에는 더욱 필요하다는 것을 다시 알게 된 개념코칭 수업이었습니다. 식으로만 배웠던 때에는 수학이 얼마나 어려웠는지. 질문과 이야기로 풀어가는 방법은 수학에서 정말 필요한 것이라는 알게 되어서 어떤 결과가 나올까 기대하는 마음으로 산에 갔습니다.

우선 길이에 대해 알아보기로 했습니다. 물론 질문을 만들면서 '길이'에 대해 접근해 갔습니다. 의외로 엄마인 제가 놀랄 정도로 많은 질문들이 나왔습니다.

길이는 무엇일까?

옛날에는 어떻게 길이를 재었을까?

우리 몸으로 길이를 잴 수 있을까?

다른 나라는 길이를 어떻게 잴까?

길이 재는 방법이 다르면 어떻게 될까?

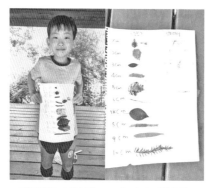

재욱이의 미션수행　　누나의 미션수행

줄자에 센티미터와 미터는 무엇이고 왜 만들었을까?

이런 질문들을 가지고 이야기를 다 풀어가지는 못 했어요. 질문 하나씩을 가지고 이야기를 하면 끝도 없이 나올 것 같아서 한 번 더 질문의 위력에 감탄했습니다.

1m는 어느 정도의 길이일까?

아이들이 생각하는 1m 찾아보기를 하면서 손바닥, 발바닥으로 길이 재어보기, 뛰어보기를 해 봤어요.

아이들이 손바닥과 발바닥으로 1m라고 생각한 길이는 평균 130cm 정도 나왔어요.

그리고 자로 실제 1m를 재두고 손바닥으로는 몇 번, 발바닥으로 몇 번 재어야 하는지도 해 보았답니다.

엄마와 미션! 1~10cm가 되는 물건을 찾아보기를 했습니다.

누나를 따라 길이를 알아보는 수업에 참여한 6살 재욱이 개념으로 어려운 공부까지 쉽게 접근을 할 수 있다는 것에 놀라고 있습니다. 질문과 이야기로 풀어가는 개념코칭은 수업에서 그 진가를 더 발휘하는 것 같습니다.

왜 개구리라고 지었을까?

이제 점점 질문과 개념코칭으로 재미있는 공부를 하게 됩니다. 아이들과 개구리에 대해 알아보았어요.

왜 개구리라고 지었을까?

왜 올챙이라고 지었을까?

개구리 알의 투명색은 무엇이고 왜 있는 것일까?

올챙이의 꼬리는 왜 짧아질까?

올챙이는 물 속에서 어떻게 숨쉴까?

개구리 뒷다리 물갈퀴는 왜 있을까?

개구리 앞다리 끝에는 왜 볼록할까?

올챙이 다리는 언제 나올까?

개구리는 왜 울까?

개구리 울음소리는 어떻게 내는 것일까?

개구리는 알을 얼마나 낳을까?

아이들의 질문을 따라가니 엄마인 저도 재미가 있고, 훨씬 더 많은 것을 책을 찾기도 하고, 관찰도 하면서 아이들의 흥미가 커지고, 집중이 깊어지는 것을 느낍니다.

다음과 같은 시로 마무리했습니다.

올챙이

올챙이 때 헤엄은

뜨거운 죽 먹기

개구리 때 헤엄은

식은 죽 먹기

올챙이는

잠수 선수

개구리는

뜀뛰기 선수

올챙이와 개구리 만들기

시로 완성하기

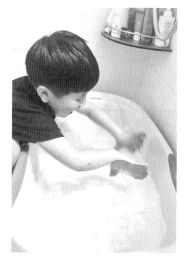

물갈퀴 체험

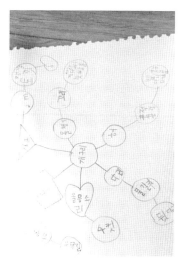

올챙이 마인드 맵

대화 자체가 공부

**개념을 가지고 아이들 이야기를 따라가면서
질문을 하는 대화는 공부가 됩니다.**

개념코칭 교육을 받은 어머니들은 우선 아이가 말을 하는 단어의 뜻을 마음대로 판단하지 않는 것을 연습합니다. 말뜻을 아이에게 물어보고는 부모가 짐작하는 뜻과는 완전히 다르다는 것에 놀랍니다. 그리고 아이의 생각이 무엇인지 물어보게 되면 뜻밖에 유아들에게서 창의적인 이야기들이 쏟아져 나오는 것에도 놀랍니다. 아이를 믿는다는 것은 잘할 수 있을 거라고 믿고 기다리고만 있는 것이 아니라 아이의 생각이 무엇인지 물어봐 주면서 함께 이야기를 나누는 동행의 길을 선택하는 것입니다. 어머니들의 이야기를 들으면 저까지 행복해집니다. 이 질문과 개념이 있는 대화는 작게 시작하지만 세상을 변화시키는 힘에는 틀림없습니다.

아이의 생각을 열어주는
엄마 질문공부

초판 1쇄 2017년 10월 30일
지은이 장성애
펴낸이 전호림
책임편집 신수엽
마케팅 황기철 김혜원 정혜윤

펴낸곳 매경출판㈜
등록 2003년 4월 24일(No. 2-3759)
주소 (04557) 서울시 중구 충무로 2(필동1가) 매일경제 별관 2층 매경출판㈜
홈페이지 www.mkbook.co.kr **페이스북** facebook.com/maekyung1
전화 02)2000-2634(기획편집) 02)2000-2645(마케팅) 02)2000-2606(구입 문의)
팩스 02)2000-2609 **이메일** publish@mk.co.kr
인쇄·제본 ㈜M-print 031)8071-0961
ISBN 979-11-5542-753-8(03370)

이 도서의 국립중앙도서관 출판예정도서목록(CIP)은 서지정보유통지원시스템 홈페이지(http://seoji.nl.go.kr)와
국가자료공동목록시스템(http://www.nl.go.kr/kolisnet)에서 이용하실 수 있습니다.
(CIP제어번호 : CIP2017025574)